Metodologia *da* Pesquisa Aplicada *ao* TURISMO

Casos Práticos

Metodologia *da* Pesquisa Aplicada *ao* TURISMO
Casos Práticos

Rogelio Rocha Centeno

ROCA

Traduzido do Original: Metodología de la Investigación Aplicada al Turismo
Copyright © 1992, 2001 by Editorial Trillas
ISBN: 968-24-3264-2
Copyright © 2003 da 1ª Edição pela Editora Roca Ltda.
ISBN: 85-7241-448-7
Nenhuma parte desta publicação poderá ser reproduzida, guardada pelo sistema "retrieval" ou transmitida de qualquer modo ou por qualquer outro meio, seja este eletrônico, mecânico, de fotocópia, de gravação, ou outros, sem prévia autorização escrita da Editora.

Tradução
Waldelina Rezende

CIP-BRASIL. CATALOGAÇÃO NA FONTE
SINDICATO NACIONAL DOS EDITORES DE LIVROS, RJ

C389m
 Centeno, Rogelio Rocha
 Metodologia da pesquisa aplicada ao turismo : casos práticos / Rogelio Rocha Centeno ; [tradução de Waldelina Rezende]. - São Paulo : Roca, 2003.
 Tradução de: Metodología de la investigación aplicada al turismo : casos prácticos
 Inclui Bibliografia
 ISBN: 85-7421-448-7
 1. Turismo - Pesquisas. 2. Pesquisa - Metodologia. I. Título
 03-0420.   CDD 338.4791072
                         CDU 338.48:001.891

2003

Todos os direitos para a língua portuguesa são reservados pela
EDITORA ROCA LTDA.
Rua Dr. Cesário Mota Jr., 73
CEP 01221-020 – São Paulo – SP
Tel.: (11) 3331-4478 – Fax: (11) 3331-8653
E-mail: edroca@uol.com.br – www.editoraroca.com.br

Impresso no Brasil
Printed in Brazil

PREFÁCIO

O programa de metodologia da pesquisa ou seminário de pesquisa que se divide para os estudantes de turismo geralmente é elaborado levando em consideração a seqüência lógica de uma pesquisa relacionada com ciências sociais; o tema se baseia nos livros de texto que, em sua maioria, respeitam a ordem que deve seguir uma pesquisa desse tipo. Os livros de metodologia da pesquisa aplicada às ciências sociais são adequados para seu campo de estudo, mas seu conteúdo não se adapta totalmente às necessidades que devem ser atendidas ao fazer pesquisa relacionada com o turismo.

São várias as razões que fundamentam essa afirmação; em primeiro lugar, o conhecimento do turismo requer a formação de um corpo teórico e as ciências sociais já o têm, portanto não se pode utilizar a mesma metodologia em ambos os casos. Para fazer pesquisa científica em turismo é necessário criar uma metodologia cujo propósito seja formar um corpo teórico, quer dizer, uma metodologia que proporcione a informação necessária e suficiente para organizar trabalhos de pesquisa orientados em direção à formulação de teoria científica.

Outra razão pela qual os textos de metodologia da pesquisa em ciências sociais não se adaptam à pesquisa de fenômenos turísticos é porque a pesquisa sobre turismo se relaciona com sociologia, economia, antropologia, etc., e necessita de enfoques interdisciplinares, conceito distante dos propósitos que têm os autores que escrevem sobre metodologia das ciências sociais.

Considerando-se os argumentos anteriores, proponho aos pesquisadores, professores e alunos que se especializam no conhecimento do turismo, este guia de pesquisa, com a esperança de que seja útil para criação de um corpo teórico, suporte imprescindível ao se fazer pesquisa científica.

O Autor

AGRADECIMENTOS

Este livro foi escrito graças ao ambiente estimulante e rigoroso que criou Fernando Ibarra Aispuro como chefe da seção de pós-graduação da Escola Superior de Turismo do IPN e à integridade e à honestidade dos pesquisadores, no período 1986-1988, que fizeram críticas sem concessões.

ÍNDICE

Introdução .... *XI*

Capítulo 1
*Bases Epistemológicas para
uma Teoria do Turismo* *1*

Capítulo 2
Teoria Científica *49*

Capítulo 3
Pesquisa Interdisciplinar *75*

Capítulo 4
Casos Práticos *93*

Bibliografia *117*

Índice Remissivo *119*

INTRODUÇÃO

A ciência é uma herança humana valiosa; o homem realiza pesquisas científicas com o propósito de encontrar explicações verdadeiras e comprováveis que lhes permitam entender fenômenos da natureza, do homem e da sociedade.

O decifrar das incógnitas que impedem compreender a natureza, a vida humana ou a sociedade requer determinação; também é necessário conhecer o que outras pessoas já fizeram e fazem nesse campo de estudo, compreender com clareza o problema que se quer resolver e criar procedimentos e métodos apropriados para alcançar a meta: uma explicação verdadeira que permita solucionar o problema traçado.

As dificuldades em que tropeçam os pesquisadores antes de encontrar a solução a um problema são muitas e grandes; se, ainda assim, não conseguem resolvê-lo, seus esforços não são em vão, podem descrever os componentes prováveis ou variáveis envolvidos no fenômeno, talvez avancem até explicar a ligação entre essas variáveis e, se são favorecidos, talvez atinjam o objetivo da ciência: predizer o comportamento exato das variáveis que se inter-relacionavam de certa forma (descobrimento), para solucionar o problema objeto de estudo.

Esse descobrimento tem a finalidade de controlar fenômenos da natureza, da sociedade ou do homem, para benefício da humanidade.

As demonstrações exatas em matemática, levadas ao final pelo pensamento lógico rigoroso; as leis da física que permitem controlar fenômenos naturais; as leis da economia ou bioquímica, são resultados da atividade científica. Faz-se ciência quando se realizam raciocínios lógicos para fazer demonstrações matemáticas ou quando se consegue descrever corretamente um fenômeno, explicá-lo ou predizê-lo, como no caso da biologia, da química ou da sociologia. A descrição e a explicação podem ser etapas prévias de uma pesquisa que poderia conduzir a comprovar ou a predizer o caso que se estuda.

Quando se estuda a sociedade, a natureza ou um fato qualquer, pode-se ter a disposição de caráter científico, quer dizer, pesquisar, seguindo uma lógica rigorosa, analisar o conhecimento que se tem a respeito (revisão bibliográfica), relacionar e analisar o problema com esse conhecimento, reunir dados, desprezar suposições errôneas e apresentar a melhor solução para o problema. Esse comportamento obedece a pautas de caráter científico, ainda que os resultados que se obtenham possam não ser rigorosamente científicos. Existem certas exigências que devem cumprir-se antes que se possa dizer que se tem um conhecimento científico.

Ainda que se sigam procedimentos que usualmente levam ao final os pesquisadores científicos e ainda que se chegue a soluções verdadeiras, talvez o conhecimento obtido não tenha a categoria de ciência. Por que isso acontece? Porque a ciência está constituída por um conjunto de proposições demonstráveis, verdadeiras, que se articulam logicamente entre si para explicar diversos conhecimentos. O conjunto de proposições demonstráveis constitui uma teoria, base fundamental de toda ciência.

Existe uma metodologia que permite criar teoria; neste guia de pesquisa científica, ensina-se como criar teoria do turismo com bases epistemológicas, ou seja, considerando a teoria, o conhecimento e a lógica. Dessa maneira, o estudante de turismo baseará seu trabalho em teoria da ciência e fará pesquisa científica, isto lhe dará o direito de reclamar um lugar para o conhecimento do turismo dentro do campo das ciências sociais.

Capítulo 1

BASES EPISTEMOLÓGICAS PARA UMA TEORIA DO TURISMO

A epistemologia ou teoria da ciência ensina como criar teoria científica por meio de duas de suas ramificações: a teoria do conhecimento e da lógica.

A teoria do conhecimento ou teoria do pensamento verdadeiro se divide, para seu estudo, em duas partes: geral e particular. Na primeira se pesquisa a relação do pensamento com o objeto em geral; na segunda se analisam de maneira crítica os princípios e conceitos fundamentais que explicam a relação do pensamento com os objetos.

A lógica ou teoria do pensamento correto estuda os princípios formais do conhecimento e analisa as formas e leis mais gerais do pensamento humano.

Para proceder com ordem, primeiro se tratará sobre a teoria geral do conhecimento, depois a teoria particular e finalmente a lógica.

TEORIA GERAL DO CONHECIMENTO APLICADA AO ESTUDO DO TURISMO

O primeiro passo para obter conhecimento sobre o turismo é observar e examinar o fenômeno para descrevê-lo e, nessa descrição, captar suas características essenciais e gerais.

Existe uma maneira para proceder a respeito; a seguir se explica como fazê-lo. Para conhecer, requer-se a consciência ou sujeito e todos os fatos relacionados com turismo que constituem o objeto de estudo (serão usados indistintamente esses termos).

A função do sujeito consiste em apreender[1] o objeto, e a deste, em ser apreendido e assimilado pela consciência. Conhece-se, quando se consegue deslocar as propriedades do objeto em direção à consciência e essa imagem, enquanto finaliza as

---
[1] O termo apreender será usado freqüentemente e significa formar idéias ou conceitos.

características do objeto de estudo, é objetiva. Ter-se-á um conhecimento verdadeiro do turismo se houver concordância entre o conteúdo do pensamento e o objeto de estudo, quer dizer, concordância entre a imagem formada na consciência e o objeto verdadeiro.

Para descrever com acerto a relação entre o sujeito e o objeto de estudo é necessário responder às seguintes cinco perguntas:

1. Como se apreende o conhecimento?
2. Qual é a origem do conhecimento?
3. Qual é a essência do conhecimento?
4. Quais são as formas em que se apreende o conhecimento?
5. Que critério indica, para um caso concreto, se um conhecimento é verdadeiro ou falso?

Cada uma dessas perguntas se responde epistemologicamente a partir de diferentes pontos de vista. Alguns deles inclusive contraditórios. A seguir são explicados brevemente para selecionar os que cada um considere válidos. É necessário proceder assim porque só dessa maneira se pode fundamentar uma teoria.

Apreensão do conhecimento

No fenômeno do conhecimento se estabelece uma relação de tal maneira que o sujeito apreende o objeto. Aqui é necessário saber se o contato entre ambos é real, quer dizer, saber se existe a possibilidade de conhecimento humano.

Os dogmáticos supõem a possibilidade absoluta e a realidade do contato entre sujeito e objeto. Acreditam que os objetos do conhecimento passam absolutamente ao sujeito sem levar em conta a função intermediária do conhecimento como relação. O dogmatismo estabelece a possibilidade do contato entre objeto e sujeito como compreensível em si mesma. Em contraposição, o ceticismo nega essa possibilidade. Essa corrente afirma que o conhecimento ou a apreensão real de um objeto é possível, portanto não se pode externar nenhum juízo nem tampouco julgar. Em uma de suas variantes, o ceticismo afirma que não é possível o conhecimento exato e que não se pode ter certeza de que um juízo concorde com a realidade, isto é, não se pode afirmar que uma proposição é verdadeira, tão-somente que parece verdadeira, provável.

Outros dois enfoques pertencentes à epistemologia, o subjetivismo e o relativismo, não são tão radicais como o ceticismo. Estes afirmam que existe uma verdade universalmente válida. No subjetivismo se limita à validez da verdade ao sujeito que conhece e julga; no relativismo se diz que todas as verdades são relativas e, então, sua validez é restrita. Por outro lado, o pragmatismo nega o conceito de verdade como concordância entre pensamento e ser; para essa corrente, o verdadeiro é o útil, o valioso. Finalmente, o criticismo afirma que é possível o conhecimento humano, que existe a verdade e que se chega a ela ao examinar todas e cada uma das afirmações feitas pela razão humana; em todos os casos são pesquisados os princípios propostos e procede-se com reflexão e crítica.

Origem do conhecimento

O ser humano tem duas características: é sensível e espiritual; portanto, existe um conhecimento espiritual e outro sensível. A origem do primeiro é a razão e a do segundo, a experiência; se é assim, de qual dos dois são obtidos seus conceitos sobre a consciência cognoscível? Quando se afirma que a origem do conhecimento é a razão, então se acredita na precisão e autonomia do pensamento humano; mas, quando se diz que a origem do pensamento é a experiência, não se aceita a autonomia do pensamento no aspecto psicológico. Considerando a experiência, como surge o conhecimento no sujeito pensante? De acordo com a razão, quais são suas bases lógicas? O que determina a validez do conhecimento? Existem vários enfoques epistemológicos para responder essas perguntas, que são: o racionalismo, o empirismo, o intelectualismo e o apriorismo, entre outros.

Os racionalistas defendem que a causa principal do conhecimento reside na razão, no pensamento, quer dizer, o conhecimento requer lógica e validez universal. Conhece-se, quando uma coisa é como é e não pode ser de outra maneira e, quando se julga, a coisa deve ser assim sempre e em todas partes; quando se cumprem as duas condições anteriores se estará diante de um conhecimento real.

Os empiristas sustentam a antítese do racionalismo. Afirmam que a única causa do conhecimento humano é a experiência; a consciência cognoscível não obtém seus conceitos da razão, senão exclusivamente da experiência. O racionalismo se baseia na idéia determinada pelo conhecimento ideal e o empirismo se origina nos fatos concretos.

Os intelectualistas, por sua vez, afirmam: "Nada existe no entendimento que não tenha estado antes no sentido"; isto quer dizer que admitem os juízos logicamente necessários e universalmente válidos se estabelecem não só sobre os objetos ideais, como também sobre objetos reais; é uma tendência intermediária entre o empirismo e o racionalismo.

Outra posição intermediária entre o racionalismo e o empirismo é o apriorismo; este aceita que no conhecimento existem elementos *a priori* que são independentes da experiência. O princípio do apriorismo diz: "Os conceitos sem as intuições são vácuos e as intuições sem os conceitos são cegas". Se bem o intelectualismo ensina que todos os conceitos procedem da experiência, os aprioristas afirmam que o elemento *a priori* não procede da experiência, senão do entendimento. A razão imprime as formas *a priori* à matéria empírica para constituir aos objetos do conhecimento.

Essência do conhecimento

A essência do conhecimento se encontra no dualismo sujeito-objeto; a interpretação de como um se relaciona com o outro tem suscitado diferentes pontos de vista. Um deles afirma que mediante o conhecimento o sujeito muda; nele aparece a imagem do objeto, que não contém as propriedades deste. Por outro lado, se diz que o conhecimento se manifesta como um deslocamento das propriedades do objeto em direção ao sujeito. O primeiro caso defende o subjetivismo, o segundo é próprio do objetivismo. De cada uma dessas correntes se desprendem duas posições epistemológicas; em uma delas, o idealismo, afirma-se que todos os objetos têm um ser ideal, espiritual; na outra, o realismo, sustenta-se que, além dos objetos ideais, existem objetos reais independentes da razão.

A essência do conhecimento também explica o fenomenismo; de acordo com este, não se podem conhecer as coisas como são em si, senão só por sua aparência, portanto, nega que nas coisas residam as qualidades primárias como: sabor, cheiro, cor, forma, extensão, movimento, propriedades espaço-temporais, etc., todas elas se localizam na consciência. As propriedades conceituadas e intuitivas provêm da consciência e é esta a que organiza, *a priori*, as aparências do mundo porque, segundo o fenomenismo, nunca enfrentamos a coisa em si.

Formas do conhecimento humano

Além do conhecimento racional, existe outra forma de conhecimento, denominado intuitivo. O conhecimento intuitivo consiste em conhecer olhando; o objeto é apreendido imediatamente no ato de ver. Essa forma de conhecimento está relacionada diretamente com as faculdades emocionais e volitivas do ser humano.

Critério de verdade

Como podemos saber se um pensamento é verdadeiro, que critério indica se um pensamento é verdadeiro ou falso? Este é um assunto importante na teoria do conhecimento; a partir desse ponto de vista o conceito de verdade firma-se na concordância que deve existir entre o conteúdo da idéia e o objeto; então, o critério de verdade estabelece que são verdadeiros todos os juízos que se apóiam na presença ou realidade imediata do objeto pensado. Pode-se ter uma evidência verdadeira, real e legítima, mas é necessário saber quando e onde se encontra uma evidência que na realidade é falsa e aparente. Um conceito supremo que aponta em direção à confirmação de evidência verdadeira é o princípio da causalidade, como suposto indispensável de todo conhecimento científico que pesquisa o ser e o acontecer reais. Tudo o que acontece está dominado pelo princípio de causalidade, o qual serve de fundamento ao conhecimento científico.

As respostas às cinco perguntas formuladas no início do capítulo permitem descrever o fenômeno da consciência chamado conhecimento; é evidente que só se deu um esboço das explicações possíveis sobre esse fenômeno. Na realidade as reflexões filosóficas que já foram feitas em relação com esse tema são vastas e profundas. Por outro lado, são muitos defensores e detratores de cada uma das correntes examinadas; não obstante, todo construtor de teoria científica necessita escolher, dentre todas, as que considere adequadas para seus fins e, assim, fundamentar o conhecimento particular na teoria geral do conhecimento.

Suponha-se que um grupo de pesquisadores realiza estudos sobre turismo e decide dar suporte epistemológico a seu trabalho; então, se levarão ao fim leituras amplas e profundas para explicar: 1. Como apreenderão o conhecimento? 2. Qual consideram ser a origem deste? 3. Qual sua essência? 4. Qual sua forma? 5. Que critério de verdade utilizarão? Depois de analisar e discutir concluem que:

1. O conhecimento do turismo pode apreender-se ao pesquisar quais são seus princípios, fundamentos e como se podem relacionar por meio da razão.

2. Deve-se abordar o conhecimento por intermédio dos dados empíricos gerados pela experiência, já que a comprovação exata de fatos pela observação valida os resultados de uma pesquisa.
3. O fenômeno do turismo existe independentemente dos pesquisadores, portanto é um fato real e essa realidade só poderá compreender-se pela razão.
4. Aceitaram que existem formas racionais e intuitivas para conhecer, então, utilizarão as duas para apropriar-se do conhecimento sobre turismo.
5. Aceitaram que o critério de verdade, chamado de evidência imediata, é válido para os conteúdos da percepção; mas para os conteúdos do pensamento poderiam ser encontradas evidências de certeza por meio do princípio de causalidade, isto é, os pesquisadores se basearão no criticismo como forma para apreender o conhecimento; no empirismo como origem desse conhecimento e no realismo crítico como essência daquele. Além disso, utilizarão o raciocínio e a intuição como formas de conhecimento e aplicarão o critério de verdade e o princípio de causalidade para dar certeza às suas pesquisas.

Até aqui só foi examinado e descrito um fenômeno da consciência, chamado conhecimento, pelo método fenomenológico que permite captar a essência geral do conhecimento. Isso não basta; para fundamentar uma teoria científica é necessário explicar a interpretação que se faça da apreensão do conhecimento sobre turismo.

A epistemologia proporciona os supostos gerais em que pode apoiar-se a criação de uma teoria em particular, a do turismo neste caso, com o propósito de que esta seja consistente com ditos supostos por todo seu desenvolvimento. Por outro lado, as doutrinas que fundamentam a teoria que se quer elaborar determinarão o conteúdo e método desta. Além da teoria geral do conhecimento, o construtor de teorias deve saber aplicar a teoria das categorias. A seguir se explicará como fazê-lo.

TEORIA ESPECIAL DO CONHECIMENTO OU TEORIA DAS CATEGORIAS APLICADA AO TURISMO

É necessário que o construtor de teorias conheça como aplicar o conhecimento que proporciona a teoria das categorias, já que esta se encarrega de pesquisar os conceitos mais gerais do ser, atendendo à origem dessas formas de pensamento. Os objetos em sua natureza têm certas propriedades que obrigam a outorgar-lhes certas categorias; além disso, entre o objeto e as categorias existem relações sistemáticas, quer dizer, um conjunto de regras ou princípios enlaçados entre si. As categorias são atributos ou qualidades dos objetos de estudo, por meio das quais se fixam as características ou a essência desses objetos.

Existem dois tipos de categorias: as que correspondem a uma ciência em particular e as categorias filosóficas.

Os conceitos fundamentais de cada ciência recebem o nome de categorias da ciência respectiva. Essas categorias constituem uma generalização de certo aspecto do mundo objetivo e seu propósito é descobrir os nexos e as relações concretas do objeto estudado.

As categorias filosóficas se referem a todo objeto, a todo processo e, pela universalidade de sua aplicação, a todos os fenômenos e processos da realidade. São essas categorias que deverão ser utilizadas para inserir o conhecimento do turismo na realidade do mundo fenomênico e obter a possibilidade de um conhecimento universalmente válido. As categorias filosóficas expressam idealmente aspectos da realidade comuns a todos os fenômenos do mundo objetivo; nisto consiste sua importância metodológica para o conhecimento do turismo e sua atividade prática.

Os pesquisadores que estudam turismo devem observar atentamente a realidade para obter dados importantes a ela relacionados; no início do trabalho esses dados só representarão nexos e aspectos superficiais do conhecimento, por tal motivo, esse primeiro material deverá levar-se a um nível mais alto por meio da abstração e da generalização.

A abstração permite eliminar o que não tem importância fundamental para o conhecimento e a generalização, mostra o fundamento interno, os nexos, suas causas e as relações que os regem. A generalização permite passar do particular ao geral para conhecer os fenômenos por sua expressão mais significativa; por esse processo se fundem as propriedades concretas de objetos singulares para, assim, obter o que é comum, inerente a todos eles, o que constitui o fundamento, a essência de seu ser. As categorias se relacionam entre si e se apresentam como um sistema, isto é, como conjunto.

Categoria de substancialidade

O conceito de substancialidade provém do vocábulo *substare*, que significa essencial, servir de base, por essa razão, como categoria, existe por si mesma e dela podemos predicar distintas propriedades. As propriedades (ou acidentes) estão aderidas ao objeto e pertencem a ele. A relação da substância com os acidentes é chamada de subsistência e a relação dos acidentes com as substâncias é conhecida como inerência ou estar aderido. As relações de inerência e subsistência não provêm da experiência, sem que se conheçam por entendimento quando este analisa a experiência.

Os pesquisadores de um centro de pesquisas turísticas serão os que estabelecerão a relação entre inerência e substância, obrigados por seu próprio entendimento. Essa exigência se manifesta no princípio da identidade, o qual pede que todo objeto do pensamento seja idêntico consigo mesmo. Quando os pesquisadores aplicam esse princípio aos fenômenos turísticos formarão o conceito de substância.

No conteúdo da experiência se localizam certos aspectos que exigem a aplicação do princípio de identidade e, em conseqüência, formar o conceito de substância. Esse conceito corresponderá a propriedades objetivas das coisas.

A substância tem independência e permanência porque se mantém estável ante os aderentes mutáveis. Por exemplo, se consideramos uma árvore como substância (base), podemos dizer que ela possui um ser independente do qual se podem predicar distintas propriedades: tem galhos, folhas, certa forma e tamanho, etc., estas últimas são seus acidentes. Essa árvore pode crescer, engrossar, etc., ainda assim, apesar das mudanças, seguirá sendo a mesma, conservando seu ser ainda que os acidentes mudem.

O turismo como fenômeno social tem um ser em si mesmo? Sim, é um fato real, objetivo, pode ser objetivado, quer dizer, é possível obter uma imagem dele que concorde com a realidade. Em outras palavras, é possível aplicar o princípio de identidade entre essa realidade e a imagem para que o objeto do pensamento seja idêntico consigo mesmo.

Se o turismo é uma substância, quais são seus acidentes ou propriedades que o caracterizam? Antes de responder a essa pergunta é necessário distinguir entre objeto físico, como uma árvore, e fenômeno social; neste último caso, as aderências ou os acidentes não terão uma conexão física com a substância; a pertinência deve estabelecer-se por relação lógica.

O entendimento, ao analisar a experiência, busca aplicar o princípio de identidade de maneira que os conceitos não sejam objetáveis. O turismo é um fluxo de pessoas que se deslocam de seu lugar em direção a outras zonas geográficas em busca de recreação, paisagens, diferentes culturas, etc., em troca de um pagamento econômico. Esse fluxo particular de pessoas cria a necessidade de proporcionar-lhes transporte, acomodação, abastecimento, planejamento e construção de centros turísticos, bem como serviços de apoio como agências de viagens, revistas especializadas, etc.; então, esse fluxo é a substância e os outros, suas propriedades.

Qual é, então, a relação de subsistência e inerência? A primeira é de tipo processual; os turistas se transportam para chegar a seu destino turístico, se alojam, se alimentam e recreiam; além disso, conhecem novas paisagens e outras culturas mediante um pagamento; é subsistência porque se relaciona a substância com seus acidentes. A inerência, ou relação dos acidentes com a substância, é a prestação de serviços. Ambas as relações explicam a substância. Os pesquisadores deveriam aprofundar mais o conhecimento do turismo a partir dessa informação básica sobre categoria de substancialidade.

Categoria de fenômeno

O problema da aplicação concreta das categorias se encontra na necessidade de estabelecer uma relação correta entre teoria do conhecimento e prática; as categorias estarão em desacordo com a realidade se não forem utilizadas como instrumentos de pesquisa e de conhecimento dos processos e situações concretas. No caso dos fenômenos, é necessário explicar o que é um fenômeno e como se aplica essa categoria com fins práticos.

Todo fenômeno é independente do sujeito, quem pode percebê-lo pelos sentidos ou conhecê-lo por meio de dados. O fenômeno pode ser conhecido em sua forma imediata ou externa ou em sua forma mediata ou interna; por isso se diz que o aspecto interno, estável da realidade objetiva, é sua essência, a qual permanece oculta, abaixo da superfície dos fenômenos e se manifesta por meio deles. O fenômeno é, em compensação, a forma como se manifesta a essência; é complexo, móvel, mutante. A relação que se estabelece entre essência e fenômeno é a de um e do múltiplo.

A "coisa em si" é um conjunto de aspectos comuns aos objetos abstraídos pela consciência em processo de pensamento abstrato. Para encontrar essa essência (o comum a todos os fenômenos, o geral), é necessário descobrir o aspecto interno da realidade por meio da abstração. Ao analisar um conjunto de fenômenos, o pensamento extrai o idêntico entre si e dispensa os aspectos e riscos secundários.

Quando se descobre a essência por meio da abstração e da generalização, a tarefa do conhecimento científico consiste em demonstrar como e por que a essência aparece abaixo de determinada forma e não abaixo de outra. Dessa maneira, pode-se penetrar no mais profundo dos processos, tratar de compreender as leis, que regem o desenvolvimento do turismo nesse caso, para prever o resultado provável de ações práticas e determinar o rumo que podem seguir os processos correspondentes à atividade.

Como se pode aplicar essa categoria ao conhecimento do turismo? Pode-se aplicar utilizando reflexões proporcionadas pela experiência.

O turismo é uma atividade que repercute e se manifesta em diferentes âmbitos: fenômenos relacionados com o meio, a cultura de comunidades humanas, usos e costumes, fenômenos econômicos, antropológicos, sociológicos, etc.; essa multiplicidade de fenômenos deriva da essência, do que é comum a todos eles. Essa essência reside em três aspectos: tempo livre, recursos econômicos e necessidade de recreação (diversão para alívio de trabalho).

Sem tempo livre, sem recursos econômicos e sem necessidade de recreação, não haveria turismo e, portanto, não existiria a multiplicidade de fenômenos que se origina a partir dessa essência.

Os pesquisadores poderiam aprofundar-se mais no conhecimento do turismo aplicando a categoria do fenômeno. Para obtê-lo, há o método fenomenológico; este permite que se forme uma imagem do objeto (turismo) a mais próxima possível do próprio objeto, pois a verdade do conhecimento turístico reside na concordância de tal imagem (realidade objetivada) com o objeto (realidade objetiva).

O método fenomenológico busca a apreensão das realidades não fornecidas (essência), que se manifestam por meio do dado (fenômeno), para obter uma representação do real ou imagem. O método permitirá a construção dessa imagem, mas não conhecerá a exatidão e a verdade do conhecimento. Ter-se-á o conceito de verdade para conteúdo do pensamento, quando se encontram evidências de certeza pelo princípio de causalidade. Ao tratar do ser (fenômeno turístico) e do acontecer reais, se deverá estabelecer que todo acontecimento segue um processo regular, dominado pelo princípio de causalidade; daí a importância da categoria de causalidade.

Categoria de causalidade

Onde quer que aconteça uma mudança, existe uma causa, porque toda mudança, todo processo, implica uma causa: tal é o conteúdo do princípio de causalidade. A relação causal entre fenômenos é uma forma específica que condiciona a todo fenômeno, porque todo fenômeno isolado ou conjunto de fenômenos interdependentes produz outro fenômeno e, ao contrário, todo fenômeno isolado tem sido provocado por outro, ou por um conjunto de fenômenos. Essa conexão mútua tem riscos específicos e abrange, sem exceção, todos os fenômenos da realidade.

O fenômeno que provoca diretamente a aparição do outro é a causa, e o fenômeno provocado pela causa se chama efeito. Para compreender um fenômeno isolado é necessário separá-lo do enlaçamento universal para descobrir as mudanças, conseqüência de causa e efeito.

Entre os riscos essenciais do nexo causal está a sucessão de causa e efeito em relação com o tempo. O efeito surge em certa fase das causas que o originam e por isso o fenômeno observado surge sempre depois da causa. Mas, deve-se estar alerta, entre causa e efeito o nexo não é só sucessão temporal, visto que é genético por necessidade: a causa engendra o efeito.

O caráter de necessário, marcado com anterioridade, significa que todo o conjunto de causas e condições do fenômeno provoca sempre um determinado fenômeno chamado efeito. A relação causal, ao abranger todos os fenômenos da realidade, dá origem a um princípio básico da pesquisa, chamado princípio determinista, por isso se diz que os fenômenos obedecem ao princípio do determinismo, isto é, são produzidos necessariamente por certas causas.

Não se podem prever nem explicar os fenômenos sem estabelecer nexos causais; a determinação de relações causais, sua confrontação e comprovação constituem uma fase importante de toda pesquisa que pretenda descobrir leis científicas.

O pesquisador sabe que as causas e as condições de alguns fenômenos permanecem relativamente estáveis ao longo do tempo, ou seja, os fenômenos se repetem em seus riscos essenciais para demonstrar a necessidade e a identidade do nexo causal dentro das condições fornecidas. Essas relações reiteradas em multidões de fenômenos expressam tendências especiais do desenvolvimento de certo núcleo de fenômenos. As causas estáveis têm importância na atividade prática dos especialistas.

Por exemplo, alguns dos fatos que se efetuam dentro da atividade turística podem não suceder de maneira arbitrária, sem que talvez apresentem certas regularidades. O pesquisador tratará de descobrir essas regularidades (relação constante entre os fatos), para propor uma lei empírica. As regularidades percebidas poderão ter as seguintes características: alguns traços na sucessão dos acontecimentos se manifestam sempre vinculados a outros traços já determinados; por exemplo, podem ser descobertas algumas circunstâncias que precedem a certo fato observado freqüentemente. Essas circunstâncias são invariáveis (expressam a natureza íntima da realidade empírica que se observa) e variáveis. Caso se descubra que o grupo invariável sempre é seguido do fato em questão, poderá afirmar-se que este é a causa condicionante do fato em questão (para que ocorra q, se requer uma condição p).

Desse modo, junto com o descobrimento de conexões regulares especiais, se chega ao conceito de vinculação geral necessária entre os acontecimentos como abstração do conjunto de conexões em geral. Do anterior se deriva a definição mais completa do princípio de causalidade: todo processo está absoluta e quantitativamente determinado ao menos pela totalidade de circunstâncias ou condições que acompanham sua aparição. A lei empírica é a regularidade estabelecida, observada entre uma grande quantidade de fenômenos interdependentes.

Para fins práticos, é necessário saber que nem todas as causas exercem a mesma influência sobre o efeito; em um fenômeno há causas essenciais e não-essenciais. As essenciais são aquelas sem as quais o fenômeno não poderia produzir-se. As não-essenciais produzem traços peculiares transitórios, instáveis, particulares.

Nessa ordem de idéias, poderia tentar-se descobrir a causa essencial do turismo em massa como fenômeno contemporâneo, é evidente que essa causa é o transporte; para que se possa dar o fenômeno em massa do turismo, requer-se o desenvolvimento de um sistema múltiplo de transporte: estrada, aéreo, marítimo e estrada de ferro de grandes dimensões. Essa informação pode permitir que se aprofunde mais no conhecimento dos nexos causais que encadeiam os diversos fenômenos que explicam o turismo; aqui só se aporta uma idéia básica, como a ponta do fio que pode desembaraçar a meada.

É necessário agregar algo mais por questões de tipo metodológico. Na realidade dos fenômenos, as mudanças percebidas devem ser relacionadas com suas causas; para ele se supõe, *a priori*, que toda mudança tem uma causa. Atenção: sabe-se que o princípio de causalidade é válido universalmente, mas não está provada sua validez em todas as experiências possíveis. Para ele há uma resposta: se em uma mudança não se pudesse encontrar uma causa, não se poderia pensar que se necessita dela, senão que essa causa é provisionalmente desconhecida. Por tal motivo o princípio de causalidade tem o valor epistemológico dos supostos e se baseia no princípio de razão suficiente.

A evidência do princípio de causalidade não é mediata nem imediata, somente se considera como uma suposição que o entendimento deve estabelecer; portanto, não é possível a demonstração conceitual-dedutiva a partir dele, porque não é uma proposição analítica. Esse problema metodológico, que implica o fenômeno do turismo, será resolvido mais adiante.

Em concordância com todo o anterior, parte-se do pressuposto de que a realidade é fenomênica e que o turismo é fenômeno social que só se pode estudar pelo princípio de causalidade, alheio por completo a relações de tipo teleológico (de meios e fins) ou hermenêutico (de interpretação).

A relação causal talvez não tenha força de lei quando se manifesta em forma causal, isto é, quando não é em si mesma uma manifestação da lei. Não obstante, o fenômeno causal, não considerado por uma lei determinada, pode ser expressão de outra lei ou conjunto de leis. Na realidade, existem fenômenos que sucedem por casualidade ou por combinação de circunstâncias imprevistas cujas causas são desconhecidas; mas, em seu movimento total, se podem manifestar as leis que os regem, tal é o caso das leis estatísticas; essas leis regem os processos que se distinguem por seu caráter de massa e se manifestam em fenômenos que se produzem em condições estáveis e iguais.

É necessário fazer outra observação: para o turismo haverá leis de tipo social e, na vida social, as leis são produtos da atividade humana; por isso, ao desaparecer determinadas condições objetivas que as regem, estas desapareceram. O aparecimento, o desaparecimento ou a modificação de certas condições objetivas da sociedade determinam a mudança ou o desaparecimento delas. As leis sociais objetivas correspondem a condições objetivas dadas, suscetíveis de mudança; não são permanentes como as leis naturais, mas constantes sob diferentes formas de relação, e o melhor caminho para descobrir a regularidade do fenômeno são as leis estatísticas.

Categoria de lei

Para conhecer esta categoria de maneira prática, suponha-se que os pesquisadores revisem sistematicamente os estudos realizados sobre o turismo para compreender o funcionamento da atividade em seu conjunto e assim pode determinar a causa e o efeito dos fenômenos estudados; buscariam simplificar e abstrair para relacionar os fenômenos corretamente, pois é impossível compreender fatos desconexos.

Se descobrissem algum tipo de relação significativa, chegariam ao ponto essencial da questão: a incógnita, ou seja, o descobrimento de uma relação regular. A lei é uma relação interna, necessária e essencial dos fenômenos da realidade e implica um nexo de causa e efeito; não abrange todos os nexos e relações, somente os essenciais.

Leis estatísticas aplicadas ao turismo

Os processos relacionados com o turismo estão condicionados pela participação de milhões de pessoas; sob essa situação, pode-se explicar a regularidade observada como conseqüência do grande número de processos individuais que interatuam. Como isso acontece? Na regularidade observada no processo total, não tem por que se estudar cada caso, ao contrário, este fica confundido entre milhões de processo análogos e os valores médios serão os únicos observáveis para o pesquisador.

Esses valores médios manifestarão sua própria regularidade estatística. A regularidade poderia expressar-se mediante uma lei. Por exemplo, a lei dos grandes números que diz: Quanto maior for o tamanho de uma mostra, menor será a probabilidade de que o valor de uma dada observação se desvie do "verdadeiro" valor dessa observação por mais de uma certa quantidade fixa.

É conveniente lembrar que o conhecimento estatístico trata as relações numéricas entre multidões que são fungíveis, quer dizer, de características que se repetem indefinidamente e nas quais se ignoram as indiferenças individuais.

Para que as leis sejam verificáveis, deverão aplicar-se a grandes grupos ou desenvolvimentos prolongados, caso contrário, perdem o significado.

No caso de fenômenos turísticos, o grau de probabilidade da recorrência futura estaria diretamente ligado ao grau de constância ou à falta de variabilidade dos sucessos passados; por isso é útil a estatística. Ela se ocupa da média dos eventos passados, da variabilidade ao redor desses pontos médios e da probabilidade de eventos futuros que se ajustem aos pontos médios passados.

Quando se tratar o tema de construção teórica do turismo, se aplicará a estatística descritiva ou não referencial para dar validez às proposições axiomáticas.

É oportuno fazer uma observação de caráter básico; foi dito que o princípio da causalidade não era analítico e que, em conseqüência, não era possível fazer uma demonstração conceitual dedutiva a partir dele. Afirmou-se que existem fenômenos cujas causas são provisoriamente desconhecidas e que, por meio da estatística, se podem encontrar certas regularidades em fenômenos casuais. Também se fez menção a proposições axiomáticas, as quais implicam o método dedutivo. É necessário dar uma explicação a respeito para não criar confusão posterior.

Para formar a teoria do turismo, o problema metodológico, ao que se fez referência anteriormente, é resolvido caso sejam relacionados fenômenos turísticos em uma proposição que não seja necessariamente de tipo casual e que, sem necessidade de encontrar regularidade estatística, seja possível dar-lhe validez por meio de métodos estatísticos. O conjunto de proposições assim validadas poderá considerar-se como um corpo axiomático e a partir daí se deduzirá a teoria.

Em outras palavras, o problema metodológico se resolve quando se aplica o método indutivo para justificar proposições de relação causal ou não, e o método dedutivo ao conjunto de proposições axiomáticas já justificadas.

Sem o conhecimento das categorias, principalmente a de causalidade e lei, não poderia pensar-se nessa solução, que será aplicada quando se trate o tema de formação de teoria turística. A seguir conheceremos a importância da lógica para formação de teorias.

LÓGICA APLICADA AO CONHECIMENTO DO TURISMO

Para formar corretamente uma teoria é necessário saber utilizar cada operação lógica, suas leis e as conexões que guardam entre si, quer dizer, conhecer como se aplicam as funções lógicas de proceder científico. Essas funções lógicas mostram a forma correta de formar juízos relacionados com o objeto de conhecimento e a predicação destes ou o conceito. Averiguam como se constroem os conceitos e o critério que se usa para considerá-los válidos. Também estudam as operações de definição, descrição, classificação, divisão e ordenação dos conceitos.

Além disso, por meio dessas funções, sabemos que leis permitem fazer perguntas ou delineamento científico dotado de sentido e como a combinação de dois ou mais juízos dá lugar às referências. A lógica analítica é uma contribuição valiosa para construir teoria científica.

Juízo como função lógica

Todo juízo consta de duas partes: sujeito e predicado. No predicado se encontra um elemento conhecido, por isso se chama conceito, como instrumento de captura. Por outro lado, o sujeito é o conceituado, matéria do conhecimento ou objeto de captação.

O conceito é o significado, fundamento ou ponto de vista mediante o qual se determina a matéria do conhecimento. O sujeito ou material do conhecimento é objeto da conceituação; representa a propriedade ou propriedades desconhecidas que o juízo descobre.

Em um campo delimitado, como o do conhecimento sobre turismo, são criados conteúdos do pensamento bem caracterizados, ou seja, que têm um significado porque o objeto pensado é o mesmo para todos os que o pensam. Existem termos conhecidos, identificados e claramente relacionados com os fenômenos turísticos. Quando se quer ampliar o conhecimento acerca do turismo é necessário utilizar o juízo como função lógica. Para ele é necessário estabelecer uma relação dependente entre a matéria do conhecimento, o determinável, mas ainda não determinado, e o já conhecido aplicado a um novo saber. Saber-se-á mais, quanto maior seja a variedade de conceitos aplicáveis ao determinável.

Como se constroem os juízos? O juízo é uma operação do pensamento em razão da qual uma maneira de conhecimento se determina como resposta a uma pergunta bem traçada; então, o juízo se constrói com uma questão que o predicado do juízo se encarrega de responder. É necessário que a pergunta fixe o ponto de vista geral a partir do qual o juízo possa limitar-se a uma caracterização restrita.

Por exemplo, para o caso do turismo poderíamos perguntar: Que espécie (conjunto de caracteres que estabelece semelhanças) de conhecimento é o turismo atendendo aos fenômenos que estuda? Para dar uma resposta correta é necessário possuir uma idéia clara de seu objeto de reflexão, ou seja, os fenômenos turísticos. A resposta seria: o turismo é uma disciplina não-teórica que está compreendida dentro das ciências sociais.

Os conceitos conhecidos, disciplina não-teórica e ciências sociais, dão significado ao sujeito, turismo. Construído dessa maneira, o juízo é um instrumento que permite descobrir os novos conceitos dos objetos, sua essência e relações. Sua função tem como propósito descobrir novas propriedades dos objetos em operação de sínteses. Mas não só sintetiza, quando os predicados têm cada vez mais volume significativo, isto é, quando se descobrem novas propriedades do objeto, leva a uma tarefa de análises. Essa função se apresenta em cada nova aquisição progressiva da ciência. Julga-se ao emitir juízos sobre o observado, sobre a realidade; por isso o juízo como função é uma operação dinâmica que permite a apropriação do conhecimento novo e tem aplicação ampla ao formar conhecimento científico.

Categorias do Juízo

Os juízos como instrumento do conhecer – a flor é vermelha, o Sol ilumina o dia, a Terra é um planeta do sistema solar, o turismo é um fenômeno social – proporcionam conceitos que explicam o sujeito. Nesse sentido, o conhecimento da realidade requer que as matérias do juízo sejam conhecidas com maior precisão porque são as formas básicas do que se julga. Para conseguir isto, se criaram as categorias do juízo ou pontos de vista, quantidade, qualidade, relação e modalidade, as quais têm como finalidade determinar o sujeito.

Quantidade

Ao dizer: "todos os turistas procuram recreação", está-se abrangendo a totalidade ou universo deles. Aplicamos o conceito que os caracteriza para determinar o sujeito: todos os turistas. O juízo: "Alguns turistas vão às zonas arqueológicas", faz referência a um certo número do total ou pluralidade de unidades. Ao contrário, se afirmarmos: "Um turista procura tranqüilidade", nos referimos ao particular.

Um, alguns e outros são categorias de quantidade que explicam o sujeito por número. Isto é importante para fins práticos, já que permite encontrar as propriedades do universal, plural e individual, caso se aplique, em cada caso, o predicado ou conceito que se pensa corresponder-lhe. Ditos enunciados são úteis para o melhor conhecimento quantitativo do fenômeno turístico.

Qualidade

A categoria de qualidade permite conhecer cada um dos caracteres que distinguem os objetos de estudo ou modo de ser das pessoas, coisas, fenômenos. Se dissermos: "A Lua é um satélite da Terra", estamos conhecendo o modo de ser da Lua ou qualidade: um astro que gira ao redor da Terra. A categoria de qualidade tem três graus: identidade, diversidade e origem.

A identidade é uma qualidade de idêntico ou o que é exatamente igual à outra coisa. A tarefa de identificar é uma função que relaciona a realidade com as propriedades enunciadas no juízo.

Por exemplo: "O turismo receptivo está constituído por estrangeiros", é um juízo que identifica a forma de ser do turismo receptivo como matéria de conhecimento ao predicar que está constituído por estrangeiros.

A diversidade ou variedade, como diferença dentro da unidade, permite caracterizar o objeto de estudo com propriedades particulares que o diferenciam de qualquer outro de sua mesma espécie; por exemplo: "O turismo egressivo está composto por pessoas que saem do país", é um juízo que diferencia o turismo egressivo do receptivo, interno ou social.

Nesses juízos, quanto mais se generaliza o predicado, o sujeito ficará mais bem especificado a outros de sua mesma espécie.

A origem, como princípio, tem relação com as causas que explicam o sujeito, quando se diz: "O turismo se produz quando se tem tempo livre, recursos econômicos e necessidades de recreação".

Relação

A relação é referir-se ou remeter-se ao dito em outra parte para conectar uma coisa com outra; a partir do ponto de vista dos juízos, a relação se apresenta em três graus: substância e acidente; causa e efeito e ação recíproca.

No primeiro caso, o sujeito do juízo se determina como manifestação de um objeto, por exemplo: "Os fenômenos turísticos em massa procedem em decorrência de um sistema de transporte diversificado".

No segundo, a matéria do conhecimento produz algo que se expressa no predicado, por exemplo: "O turismo produz divisas".

No terceiro, os fenômenos aos quais se refere tanto o sujeito quanto o predicado influem mutuamente, por exemplo: "O sistema de transporte repercute no fluxo de turistas e vice-versa".

Modalidade

A modalidade é a forma como se manifestam os fenômenos; essa categoria proporciona o grau de certeza dos juízos: possibilidade-impossibilidade, realidade-fantasia e necessidade-contingência.

Os juízos de possibilidade-impossibilidade são do tipo problemáticos porque expressam a possibilidade ou impossibilidade de um fato. "Talvez se alcance 70% de ocupação hoteleira" ou "É impossível a ocupação hoteleira total nessa temporada". Como se pode observar, esses juízos são do tipo impessoal porque aparentemente necessitam de sujeito; contudo, as proposições expressam juízos completos concebidos com respostas a perguntas específicas que descobrem qual é a matéria do conhecimento ou sujeito da proposição. Em ambos os casos o sujeito fica subtendido: é o lugar e o tempo onde ocorreria o fenômeno.

Quando se controlam juízos de realidade-fantasia, a veracidade deles se descobre na constatação dos fatos, por isso lhes chama *a posteriori*, por exemplos: "Alguns turistas são da Alemanha" ou "Não existe o turismo interespacial".

Os juízos de necessidade-contingência predicam o que não pode deixar de ser ou o que pode suceder ou não. No primeiro caso, os juízos são *a priori*: "Todo efeito tem uma causa", enquanto no segundo são contingentes: "Alguns habitantes do Canadá podem ser turistas no México".

Os juízos categóricos são um instrumento útil quando se quer apreender a realidade ou os fenômenos que se delimitam em um certo campo de conhecimento; permitem predicar da melhor maneira com relação ao sujeito e, dessa forma, pode-se conseguir a correta determinação do turismo como matéria de conhecimento.

Construção de conceitos e critérios de validez

Na elaboração de teorias é necessário criar conceitos que expliquem a matéria do conhecimento. Conceitos como eletricidade, massa, força, aceleração, etc., são básicos para entender o conhecimento de física. Em matemática, conceitos como número, soma, fator, sistema coordenado, notação algébrica, etc., explicam o conhecimento matemático. No caso do turismo não se tem uma conceitualização ampla; pode-se falar de turismo egressivo, receptivo, social, interno, agência de viagens, categorias de hotéis, guia de turistas, viagem toda paga (VTP), operadores de turismo, pacotes turísticos, centros turísticos, etc., todavia, não tem validez formal e a predicação que se pode fazer com eles não proporciona muita informação sistemática sobre a matéria do conhecimento; para obtê-la, teria de formalizar e julgar os fenômenos turísticos com propriedade para elaborar juízos cuja predicação nos fizesse descobrir novos nexos entre eles, ou seja, conhecimento novo.

A seguir serão explicadas as características gerais do conceito e como validá-las.

O conceito é uma função predicativa ou operação lógica mediante a qual se obtém o comum de vários objetos, diferentes entre si por outros caracteres. Ao dizer caderno, todos entendemos que é um objeto composto por documento de papel ou folhas; de forma italiana ou francesa; de folhas brancas, quadriculadas ou listradas; com ou sem fachada de cores; isto é, tem características diferentes, mas são idênticos quanto a sua função, servem para escrever sobre suas folhas.

Ao criar conceitos, é necessário considerar as propriedades que os caracterizam: extensão, conteúdo, generalidade e abstração.

EXTENSÃO

Conhecemos a extensão ou a denotação de um conceito se este pode aplicar-se a poucos ou muitos objetos; quando se aplica a muitos, tem maior extensão, se a poucos, menor extensão. Por exemplo, o conceito turista abrange a todos eles e tem maior extensão que turista canadense, e turista canadense de cultura francesa é menos extenso que turista canadense. Existe uma relação entre a extensão e o conceito. Conforme diminui a extensão, se conhece mais acerca dele. Para precisar o anterior, analisemos a seguinte propriedade do conceito.

CONTEÚDO

Chama-se conteúdo ou conotação de um conceito o conjunto de qualidades que encerra; por exemplo, turista canadense tem maior extensão que turista canadense de cultura francesa, mas menor conteúdo que este último. Existe relação inversa entre a extensão e o conteúdo dos conceitos; quando a extensão é maior, o conteúdo diminui e vice-versa.

ABSTRAÇÃO

Cada objeto que se observa tem diferentes características e se abstrai quando se considera separado de algumas delas. A qualidade abstraída de um todo se chama abstrato. O abstrato é uma propriedade geral que pode aplicar-se a um número determinado de seres. Quando se diz: "hotel quatro estrelas", se faz uma abstração por categoria, indicada pelo número de estrelas; o número de estrelas agrupa um determinado número de hotéis e é um abstrato.

GENERALIDADE, SUBORDINAÇÃO E COORDENAÇÃO

Na lógica, se chama gênero ao conceito de maior extensão e menor conteúdo em relação a outros que se subordinam; por exemplo, o conceito turismo é genérico com relação a: turismo receptivo, social, egressivo ou interno. Essas espécies do gênero são um conjunto de conceitos coordenados que se diferenciam entre si; a lógica chama diferença específica às características que distinguem uma espécie de outra.

Em razão da relação de gênero e espécie, os conceitos podem combinar-se em série, começando por conceitos de maior extensão e menor conteúdo para continuar com outros de menor extensão e maior conteúdo.

VALIDEZ

Se analisarmos o significado do conceito, chegaremos à conclusão de que é uma estrutura ideal: casa, bosque, jardim, cavalo, livro, etc., são idealizações da realidade; ao contrário, a representação é um fenômeno psíquico pelo qual um objeto se apresenta na consciência. O objeto representado pode ser real ou irreal; os conceitos devem ser possíveis ou impossíveis. Se o que constitui o conceito é compatível entre si, este é possível: turismo interno, por exemplo; do contrário é impossível ou incompatível: turismo receptivo social.

A validez lógica dos conceitos está na congruência ou compatibilidade de seus elementos significativos. Uma classe de turismo não pode ser ao mesmo tempo receptiva e social; essa contradição expressa no exemplo anterior invalida o conceito, torna-o impossível.

Os criadores de conhecimento sobre o turismo considerarão as propriedades dos conceitos quando tratarem de criar predicados relacionados com sua matéria e, assim mesmo, darão atenção quando puderem dar validez lógica aos conceitos que proponham.

O conhecimento precedente serve como preparação para resolver um problema fundamental na construção de teorias: como formar conceitos científicos. Para criar conceitos científicos recorrerá a cinco formas de exposição sistemática que serão analisadas a seguir.

OPERAÇÕES BÁSICAS PARA CONSTRUIR CONCEITOS CIENTÍFICOS

Existem cinco operações ou formas de exposição sistemática para construir conceitos científicos, são elas:

1. Classificação
2. Divisão
3. Definição
4. Descrição
5. Ordenação

Classificação

Em toda classificação é necessário encontrar o conceito genérico e depois, serialmente, as espécies ou conceitos subordinados; dessa maneira, podem ser agrupados, em um sistema unitário, os objetos fundamentais da ciência.

Quando se classifica por extensão, são enumerados os conceitos subordinados que contêm o gênero; isto se faz por meio do princípio de classificação, ou seja, considerando alguma característica do conceito genérico para classificar. Assim, são fixadas as espécies contidas no gênero. A operação lógica de classificação é regida pelos seguintes princípios:

- Os membros de que consta a classificação são determinados de acordo com o princípio de classificação considerado.

- A classificação deve conter todas as espécies ou membros do conceito genérico.

- Os membros de que consta a classificação devem excluir-se mutuamente.

- Os critérios de classificação devem seguir uma ordem para obter os diversos grupos de espécies ou membros.

Os pesquisadores que têm como tarefa a elaboração metódica do conhecimento sobre o turismo devem propor o conceito com maior extensão e menor conteúdo, ou seja, o conceito genérico de seu objeto de conhecimento. Isto não é difícil, o conceito genérico é: turismo.

Qual poderia ser o princípio de classificação para enumerar as espécies?

O princípio de classificação poderia ser o modo de fazer turismo. Quantos modos de fazer turismo existem? Podem-se encontrar até quatro modos diferentes: por exemplo, com relação a um país, podem ser os que chegam do exterior, os que saem em direção ao exterior, os que se deslocam de um ponto geográfico a outro de seu país e utilizam serviços turísticos oferecidos pelo Estado ou turismo social, os que se deslocam de um ponto geográfico a outro de seu país e utilizam serviços turísticos oferecidos por particular ou corporações, etc.; a esse turismo se dá o nome de interno. Qualquer outra subclasse ficará incorporada nas quatro espécies básicas.

A classificação básica seria:

$$\text{Turismo} \begin{cases} \text{receptivo} \\ \text{egressivo} \\ \text{interno} \\ \text{social} \end{cases}$$

A classificação ficará estabelecida em um juízo cujo sujeito é o objeto a classificar e predicar suas espécies, assim se terá: turismo receptivo, turismo egressivo, turismo interno e turismo social.

Divisão

Quando se decompõe um objeto de conhecimento em suas partes essenciais, se faz uma análise metódica dele; esta é a operação conceituadora de divisão. Analisar é separar os componentes, dissociá-los, desarticulá-los, para conhecer o todo por suas partes.

Princípios da divisão:

- Ao se dividir um objeto de conhecimento, todas as partes devem ser enumeradas.
- Na divisão, uma parte nunca deve estar contida na outra.
- As partes da divisão devem ser da mesma espécie.
- As partes da divisão devem seguir a mesma ordem do objeto a ser dividido.

Como pode ser aplicada a operação de divisão no caso de turismo? Pode-se dividir por âmbito que abranjam os estudos que se façam a respeito. Dessa maneira, haverá duas partes: micro e macroestudos turísticos. Os microestudos abrangeriam grupos pequenos; nos macroestudos os pesquisadores trabalhariam totalidades: turismo receptivo de um país, análises gerais de centros turísticos, análises do turismo interno em relação com a geração de emprego, etc.

$$\text{Turismo} \begin{cases} \text{microestudos turísticos} \\ \text{macroestudos turísticos} \end{cases}$$

Esse tipo de divisão é quantitativo porque se estuda a magnitude dos estudos que se realizarão.

Definição

Os mundos natural ou social constituem-se por objetos de estudo com propriedades particulares que os distinguem e, além disso, relacionam-se com processos ou grupos de processos que os fazem interdependentes. O conceito científico é utilizado para indicar as propriedades particulares dos objetos e a relação entre os processos, que implica a seguinte seqüência:

1. Abstraem-se as propriedades fundamentais dos objetos e dos processos.
2. Formula-se o conceito que vincule, de um modo orgânico e unitário, as propriedades fundamentais.
3. Experimenta-se para provar se o conceito representa as propriedades existentes nos objetos e se os expressa de forma precisa.

Um conceito está determinado quando, por meio de sua relação com outros conceitos, é possível penetrar mais no conhecimento das propriedades dos objetos e na compreensão da relação entre os processos.

A caracterização dos conceitos é o resultado de uma série de ensaios, encaminhados a descobrir a essência dos objetos do conhecimento. Os pesquisadores afirmam ou negam que alguma propriedade se refere ou não ao objeto; por meio dos juízos se capta a essência dos objetos. Essa essência constitui a definição, o conceito adequado para esses objetos; assim se obtêm as definições nas diferentes ramificações do saber.

A função lógica que relaciona os conceitos se chama juízo e o conceito se enriquece como resultado dos juízos em que intervém; por isso, toda definição é uma resposta ou juízo cujo sujeito é a matéria a ser definida e o predicado, a soma de notas conceituais aplicáveis.

Por exemplo, em biologia o plâncton é o conjunto de seres vivos, animais ou vegetais, adultos ou larvários, que flutuam ou estão suspensos, passivamente nas águas doces, salobras ou marinhas e que, se nadam, não podem contra-arrestar o movimento das correntes débeis. O plâncton se define da seguinte maneira:

- Fitoplâncton: plâncton vegetal.

- Zooplâncton: plâncton animal.

- Plâncton batipelágico: o que vive em águas profundas, mas longe do fundo.

- Akineton: plâncton imóvel; ovos, esporo, etc.

O pesquisador criou essas definições ao fazer uma classificação do plâncton e o mesmo procedimento deve seguir-se quando se construírem definições de turismo. Por exemplo, o conceito turismo é genérico, implica tanto no fluxo total de turistas como no total da infra-estrutura de serviços que se utilizam, assim como todos os processos de inter-relação entre eles. É um conceito muito extenso que pode classificar-se em quatro espécies:

- Turismo egressivo: o que sai do país.
- Turismo receptivo: o que entra no país.
- Turismo interno: o que utiliza serviços particulares.
- Turismo social: o que utiliza serviços do setor público.

A definição e a classificação são duas operações lógicas que se inter-relacionam.

Descrição

Com a descrição se pretende encontrar os caracteres do objeto de estudo transpondo a generalidade; com esse processo se quer dar uma imagem concreta e integral da realidade. Para descrever é necessário considerar três princípios:

Seleção: é necessário considerar caracteres que distinguem o descrito de outros fatos análogos para encontras traços distintos.

Localização: é necessário buscar a relação do fato ou objeto de estudo com outros fatos que o delimitam para fazer precisões sobre sua natureza.

Convergência: o princípio de convergência configura o fato porque permite afirmar o que é um indivíduo, objeto ou sucesso em sua integridade.

Os pesquisadores podem se apoiar nesses três princípios para descrever fatos, fenômenos e processos relacionados com o turismo.

Ordenação

A palavra ordenação significa colocar as coisas em ordem; quando se tem ordenação por extensão, pretende-se incorporar um conceito dentro da série de conceitos genéricos, subordinados e coordenados e isso, para ordenar, previamente se serão definidos e classificados os objetos de conhecimento.

A ordenação permitirá aos pesquisadores sobre turismo incorporar conceitos em uma ordem lógica, determinada por operações de classificação e definição.

A lógica, como forma de pensamento correto, tem nas operações básicas, para construir conceitos científicos, uma ferramenta útil para o formador de teorias. Também, quando se utiliza a lógica aplicada ao conhecimento, é necessário tratar o conceito de inferência.

Inferência

Os pesquisadores que terminam os estudos sobre turismo, em sua vida diária, empregam a comunicação para expressar pensamentos cotidianos, que podem ter só esse propósito: responder às perguntas triviais, relacionadas com vivências particulares. Contudo, quando pesquisam, têm uma atitude mental interrogante e, em conseqüência, pensam de forma reflexiva. Eles tratarão de resolver um problema fazendo perguntas para encontrar a solução; desenvolvem um processo mental para produzir conclusões pelo raciocínio.

Se ao responder a perguntas se dão argumentos ou afirmações interconectadas, então o raciocínio conduz a uma conclusão. As afirmações são chamadas premissas e uma afirmação pela qual se extrai outra afirmação se chama conclusão. Os pesquisadores terão raciocínios válidos se a verdade de cada premissa necessita de conclusões verdadeiras; essa validez dependerá da lógica do raciocínio.

Os pensamentos reflexivos têm uma ordem e não se aceita o que não cabe dentro dessa ordem, quer dizer, uma forma de ser expressos; por isso a estrutura do pensamento correto se chama lógica formal (de forma). Em lógica se declaram ou se expressam idéias por meio de proposições, que são razões ou argumentos pelos quais se sabe se o expresso é verdadeiro ou falso. Por esse motivo as proposições devem ser corretas, porque sem afirmação não há raciocínio e, portanto, não existe conclusão ou inferência.

A inferência é um processo de pensamento pelo qual os pesquisadores relacionam uma proposição chamada premissa ou outra chamada conclusão e deve ser de tal maneira que possam afirmar a conclusão. A inferência como método lógico se estuda em três formas: inferências dedutiva, indutiva e por analogia. A inferência dedutiva termina com juízos que vão do geral ao particular e se utiliza nas ciências formais, particularmente, em um processo de axiomatização (claro e evidente que se admite sem necessidade de demonstração). A indução é um método cujos juízos vão do particular ao geral e é amplamente utilizado no mundo dos fatos; usa-se para obter conclusões relacionadas com fenômenos causais. A inferência por analogia consiste em comparar dois objetos para saber se têm semelhança entre si em algum(ns) aspecto(s).

No tema "Formação de teoria científica" se menciona como aplicar os métodos dedutivo e indutivo a casos concretos; está claro que se aprende melhor quando se sabe como fazer as coisas. Isto quer dizer que a melhor didática é aprender fazendo. Por isso a importância da inferência no processo de formação teórica.

Capítulo 2

TEORIA CIENTÍFICA

Suponhamos que alunos pesquisadores tenham terminado trabalho sistemático para organizar metodicamente o conhecimento do turismo, que se interessaram pelo funcionamento da atividade em seu conjunto total e conseguiram analisar, descrever, explicar e correlacionar o comportamento dos turistas, o das comunidades receptoras, os efeitos sobre ecologia, a captação de divisas, das inversões, etc.; em seguida, procurariam simplificar e abstrair para tentar relacionar os fenômenos corretamente, porque é impossível compreender fatos desconexos. Se descobrissem relações significativas, chegariam ao ponto essencial da questão: a incógnita, ou seja, o descobrimento da relação que explica o problema traçado.

Quando há uma relação constante entre os fatos, pode-se dizer que se descobriu uma lei. Existem dois conceitos-chave para entender como se estabelece uma lei: a relação e o fato. O que é um fato? Um fato é qualquer acontecimento que ocorre no tempo e no espaço; por exemplo: "Máxima ocupação hoteleira em alta temporada". Todo processo ou seqüência ordenada de acontecimentos, em que cada elemento dessa seqüência ajuda a determinar os que seguem, é um fato.

Coloquemos por acaso o serviço que presta uma agência de viagens; o usuário contrata um serviço, transporta-se de avião, chega a um centro turístico e se hospeda, consome alimentos no restaurante do hotel e é conduzido a percorrer lugares de interesse por um guia de turistas; quando termina sua estadia, pega o avião e regressa à sua casa. Toda essa seqüência ordenada de acontecimentos forma um processo. O que é uma relação? Quando uma coisa se conecta com outra se diz que ambas estão relacionadas; por exemplo: "A depreciação da moeda nacional produz um aumento de turistas estrangeiros". Também se estabelece relação por meio da ação e o efeito de referir ou referir-se; por exemplo:

"Acapulco tem maior índice de visitantes que Zihuatanejo em virtude de ser mais conhecido".

Em uma lei científica as relações que se estabelecem entre os fatos devem ser:

- Gerais
- Necessárias
- Constantes

Suponhamos uma relação água-temperatura, quando se diz: "A água se congela a zero grau Celsius"; há uma relação geral porque o fenômeno se cumpre para qualquer tipo de água; é necessária porque não pode ocorrer de outra maneira; e é relação constante porque o fenômeno sempre acontecerá. As leis se expressam por meio de proposições ou enunciados certos, quer dizer, uma tomada de posição afirmativa ou negativa com relação à certa situação observada. Na linguagem científica permite construir e decifrar proposições ou seqüências de sinais que expressam estados de coisas de maneira afirmativa.

Suponhamos que o trabalho metódico produziu resultados e que os pesquisadores conseguiram estabelecer leis em diferentes campos do conhecimento que foram objeto de estudo; a seguir, devem terminar um trabalho sumamente preciso: encontrar a relação existente entre as leis de cada área desse conhecimento. As teorias se introduzem quando em um campo de conhecimento se descobre um sistema de uniformidade que pode expressar-se em forma de leis científicas; a teoria é a unidade demonstrativa das verdades que constituem uma ciência.

A teoria deve ter unidades formal e conceitual: a primeira consiste em uma conexão lógica do sistema; a segunda se refere a que o sistema deve construir-se em relação de classe. Chama-se universo de discurso à classe de objetos que trata a teoria.

Na linguagem das categorias pode-se dizer que são universo do discurso todas as subclasses membros da classe universal, que é uma. A teoria destinará a cada classe de objetos propriedades expressas por um predicado. Assim, os membros do conjunto de referência ou universo do discurso serão aparelhados com objetos externos para que a teoria seja válida. Dessa maneira, haverá uma relação entre a linguagem da qual nos servimos e outra entre essa linguagem e a determinação semântica da teoria que se tenta construir.

Não se devem introduzir predicados (conceitos) alheios ao campo coberto pela teoria; estes devem estar compreendidos nas definições dela. Haverá conexão conceitual se os conceitos-chave concordar quando se distribuem entre suposições iniciais da teoria; se esta é construída considerando-se consistências formal e conceitual, fará mais profunda e ampla a conexão entre as leis, oferecerá uma versão sistematicamente unificada de processos diversos e apresentará uniformidade empírica como manifestação de um conjunto comum de leis básicas.

Se ao formar a teoria se consideram significados da linguagem, então é necessário referir-se aos princípios internos e às pontes; os princípios internos indicam características de fenômenos básicos, assim como de leis que explicam esses fenômenos. Os princípios-ponte mostram como se relacionam os processos considerados pela teoria com os fenômenos que conhecemos e com os quais estamos familiarizados; tal teoria pode explicá-los, predizê-los ou retrocedê-los.

Os princípios internos se referem a processos peculiares supostos teoricamente e são expressos em termos de conceitos teóricos; o que permite seu contraste são os princípios-ponte, que se expressam em termos de coisas e sucessos como aqueles com que estamos familiarizados, então a teoria pode entender-se por meio da linguagem comum; por exemplo, o termo teórico elétron pode ser explicado dizendo que é uma partícula com carga elétrica negativa que gira em torno do núcleo atômico.

Se os pesquisadores querem que a teoria proposta tenha um significado claro, então cada conceito novo que introduzirem deverá ser definido de maneira precisa, relacionado com conceitos que já estão em uso e se compreendem.

A teoria deverá sustentar-se, afinal, em outros princípios: o princípio de comprovação, o princípio de falsidade e os critérios de explicação e predição.

Para compreender o conceito de corpo teorético foram analisados alguns casos, começando com a mecânica clássica. Esta, como ramificação da física, tem um corpo teórico formado por quatro proposições, cada uma das quais origina uma lei. Essas proposições são as seguintes:

- Nenhum corpo pode modificar seu estado de repouso ou movimento, a menos que haja uma força exterior que o faça.

- A aceleração de um corpo é diretamente proporcional à força aplicada, sempre e quando a massa permanecer constante.

- A toda ação se opõe uma reação igual e de sentido contrário.

- A força de atração entre dois corpos é diretamente proporcional ao produto de suas massas e inversamente proporcional ao quadrado da distância que os separa.

A teoria mecânica sustenta-se nessas quatro leis.

A física tem diferentes ramificações (aparte a mecânica), e cada uma se constitui por um corpo teórico ou um conjunto de leis, deste modo as ramificações da física ou grupo de teorias formam o que se conhece com o nome de corpo teorético.

A física tem o seguinte corpo teórico:

$$\text{Física} \begin{cases} \text{mecânica} \\ \text{eletricidade} \\ \text{óptica} \\ \text{eletrônica} \\ \text{termodinâmica} \end{cases}$$

No caso da economia, a teoria da produção se explica por meio da lei do crescimento da produtividade marginal física, que diz:"Quando se mantém constante a quantidade empregada de um fator variável, a produtividade marginal deste último diminuirá, pelo menos, uma vez passado certo tempo", nesse caso a teoria está formada por uma lei.

Corpo teórico da economia:

$$\text{Economia} \begin{cases} \text{teoria do multiplicador múltiplo} \\ \text{teoria do crescimento} \\ \text{teoria da renda} \\ \text{teoria da utilidade e demanda} \\ \text{teoria da produção e da produtividade marginal} \end{cases}$$

Na teoria matemática também há leis, por exemplo, as leis comutativa e associativa da soma ou a lei distributiva da multiplicação; em geometria, a demonstração é uma cadeia de inferências que nos levam a provar a proposição. Quando se prova a proposição obtemos um teorema ou lei matemática.

Corpo teórico da matemática:

Matemática $\begin{cases} \text{teoria dos conjuntos} \\ \text{teoria de variável complexa} \\ \text{geometria} \\ \text{aritmética} \\ \text{álgebra} \\ \text{cálculo} \\ \text{análises matemáticas} \\ \text{geometria analítica} \\ \text{topologia} \end{cases}$

Princípio de verificação: uma proposição está dotada de sentido (significação), quando e somente se é analítica, ou se é possível que proporcione um método efetivo para determinar se essa proposição é verdadeira ou falsa.

Princípio de falsidade: uma proposição não é aceitável como científica caso seja possível em circunstâncias apropriadas estabelecer sua falsidade demonstrando, por via empírica, que ao menos uma das conseqüências que podem ser derivadas dela não se adapta aos dados disponíveis.

Critério de explicação: explicar um processo não é somente vinculá-lo a condições iniciais, mas deve assinalar-se quais são as variáveis significativas subjacentes capazes de informar com detalhe como dito processo emergiu das condições dadas.

Critério de predição: a predição cumpre-se caso, para certas condições dadas, a um processo possa aplicar-se o princípio de verdade. A verdade do conhecimento firma-se na concordância do conteúdo da idéia com o objeto.

TEORIA FORMAL

A lógica estuda os princípios formais do conhecimento, analisa as leis mais gerais do pensamento, considera a todo objeto em si mesmo e centra sua atenção na correspondência objetiva do pensamento. Seu propósito é encontrar correção formal do pensamento, ou seja, concordância consigo mesmo, segundo suas próprias formas e leis. As ciências formais: matemática, lógica matemática, etc., constituem seu corpo teórico a partir da lógica formal. As leis que surgem, por exemplo, teoremas em geometria, são inferências que se obtêm por meio dedutivo e em seu conjunto formam a teoria geométrica.

Ambas as maneiras de formar teorias, a relacionada com fatos dinâmicos ou causais e a de pensamento formal, são utilizadas para construir a teoria do turismo.

Corpo teórico ou ramificações da ciência

Cada ramificação da ciência tem suas próprias leis inter-relacionadas pela teoria e o conjunto de todas as teorias forma o corpo teórico.

FORMAÇÃO DE TEORIA CIENTÍFICA

Os métodos são mais bem aprendidos quando se aplicam em um exemplo prático; este será o caso ao reformar uma teoria matemática utilizando o método dedutivo.

A geometria é um exemplo clássico de teoria baseada no método dedutivo; por ele, é conveniente analisar suas características. Quando for conhecido poderá ser aplicado esse método, junto com o indutivo, na criação de teoria sociológica e se verá também como tais métodos podem servir para formar a teoria do turismo. O conhecimento geométrico se inicia a partir de termos conhecidos intuitivamente: ponto, linha, plano, etc., depois, a relação entre esses termos não definidos permite fazer definições:

- Ângulo é uma figura formada por duas retas que se cortam em um ponto (os ângulos se medem em graus, um ângulo reto mede 90º).

- Chamam-se perpendiculares as retas que formam ângulos de 90º entre si.

A seguir se estabelecem proposições que se dão sem demonstração, chamadas axiomas; estas são aceitas como verdadeiras para que se possam deduzir outras proposições a partir delas.

Todo grupo de axiomas deve cumprir três condições:[2]

- Consistência
- Completude
- Independência

Consistência: um grupo de axiomas é consistente quando não contém axiomas que se contradigam mutuamente, nem tampouco admita servir de base para estabelecer, por meio de interferências válidas, alguma proposição que contradiga um teorema já demonstrado.

Completude: um grupo de axiomas é completo quando contém todas as proposições necessárias e suficientes para deduzir delas todos os teoremas expressáveis dentro do sistema, de tal modo que nunca faça falta introduzir algum novo axioma para construir um teorema.

Independência: um axioma é independente quando não se pode obter como conclusão de uma série de inferências, partindo de um ou vários dos outros axiomas. Um grupo de axiomas é independente quando todos os seus axiomas o são.

---

[2] Kurt Göedel, em 1931, e Paul J. Cohen, em 1964, realizaram estudos para descobrir que em alguns casos os grupos de axiomas podem ser inexplicáveis, ou seja, não cumprem as condições mencionadas.

Quando os axiomas se estabelecem de maneira correta, permitem construir a teoria geométrica dedutiva. Grupo de axiomas considerado:

- Coisas iguais a uma terceira ou a coisas iguais, são iguais entre si.
- Em toda expressão ou equação, uma quantidade qualquer se pode renomear por seu igual.
- O todo é igual à soma de suas partes.
- Qualquer quantidade é igual a si mesma.
- Se a quantidades iguais se somam quantidades iguais, os totais são iguais.
- Se de quantidades iguais se subtraem quantidades iguais, as diferenças são iguais.
- Se quantidades iguais se multiplicam por quantidades iguais, os produtos são iguais.
- Se quantidades iguais se dividem entre quantidades iguais, os quocientes são iguais.
- As potências, de igual expoente, de quantidades iguais são iguais.
- As raízes, de igual índice, de quantidades iguais são iguais.

Agreguemos os seguintes axiomas geométricos:

- Por dois pontos passa uma reta e só uma.
- Duas retas só têm um ponto comum.

- Com um ponto dado como centro e um segmento dado como rádio, só se pode traçar uma circunferência.
- Qualquer figura geométrica pode mover-se sem que mude sua forma e tamanho.
- O ponto médio de um segmento de reta é único.
- A bissetriz de um ângulo é única (reta que divide um ângulo em duas partes iguais).
- Por um ponto de uma reta se pode traçar uma e só uma perpendicular a ela.
- Por um ponto exterior a uma reta existe uma e só uma paralela a ela.

Com os grupos de axiomas de quantidade e geométricos assim estabelecidos, se podem deduzir outras proposições por meio da demonstração geométrica. Essas novas proposições recebem o nome de teoremas. Chama-se teorema a toda proposição que se deve demonstrar. A demonstração é uma cadeia de inferências por meio da qual se prova o proposto.

O raciocínio dedutivo permite obter conclusões verdadeiras, partindo do pressuposto de que foram deduzidas de proposições verdadeiras, ou aceitas como verdadeiras. O raciocínio dedutivo consta de três partes:

1. Elabora-se uma proposição universal ou geral, que abarque a totalidade de um conjunto de classes e objetos.

2. Inicia-se uma proposição particular sobre um ou alguns dos elementos do conjunto ou da classe a que se refere a proposição universal.
3. Chega-se a uma dedução, proposição que se infere logicamente ao aplicar a proposição universal à particular.

Por exemplo:

1. Proposição universal: Todos os cachorros são quadrúpedes.
2. Proposição particular: Todos os dobermans são cachorros.
3. Dedução: todos os dobermans são quadrúpedes.

Os três tipos de proposições constituem um silogismo. A proposição universal se chama premissa maior; a proposição particular se denomina premissa menor; e a dedução se chama conclusão. Outro exemplo seria:

- Premissa maior: Um gato é um animal doméstico.
- Premissa menor: Siamês é um gato.
- Conclusão: Siamês é um animal doméstico.

Além de conhecer como é a estrutura do raciocínio dedutivo, é importante conhecer como se elaboram as proposições que constituem os silogismos. Existem duas formas para construir silogismos:

- Sujeito-predicado.
- Se... então.

Proposições da forma sujeito-predicado

Na forma sujeito-predicado, a proposição está constituída por duas partes; a primeira é a hipótese, o que é dado, o que se supõe certo. A segunda parte é a tese ou a conclusão, o que deve demonstrar-se. Essa segunda recebe o nome de predicado. Exemplos:
Um corpo elástico submetido a uma força se alonga.

Hipótese: Um corpo elástico submetido a uma força.
Tese: Alonga-se.

Duas retas perpendiculares entre si formam ângulos retos.

Hipótese: Duas retas perpendiculares entre si.
Tese: Formam ângulos retos.

Proposições da forma se... então

Para este caso se utilizam os exemplos anteriores para que a diferença fique clara.

Se for aplicada uma força a um corpo então se alonga.

Hipótese:
Se for aplicada uma força a um corpo elástico.
Tese: Então se alonga.

Se duas retas são perpendiculares entre si, então formam ângulos retos.

Hipótese:
Se duas retas são perpendiculares entre si.
Tese: Então formam ângulos retos.

Toda proposição deverá construir-se em uma das formas indicadas.

Todo teorema é uma proposição que deve demonstrar-se aplicando o raciocínio dedutivo; para tal finalidade deverão utilizar-se axiomas, definições e dados. A demonstração é uma cadeia de inferências por meio da qual se prova o proposto. Pois bem, cada proposição ou anel de corrente dessa cadeia deve fundamentar-se para ser aceito como parte da demonstração.

Exemplo de um teorema:

Demonstra-se que: todos os ângulos retos são iguais.

Hipótese:
Todos os ângulos retos.
Tese: São iguais.

Proposições
A e B são ângulos retos. O ângulo A e o ângulo B medem cada um 90°.
A = B

Fundamento
Dado:
um ângulo reto é igual a 90°.
Axioma 1, coisas iguais a uma terceira, ou coisas iguais são iguais entre si.

Assim se prova o teorema.

A teoria geométrica se forma a partir da demonstração de teoremas, expressos por meio de uma proposição.

A seguir será analisado como se aplica o método dedutivo à formação de teoria sociológica.

TEORIA SOCIOLÓGICA FORMADA COM RACIOCÍNIOS INDUTIVO E DEDUTIVO

No campo da sociologia existe uma corrente de pesquisadores[3] que, utilizando uma boa dose de habilidade, criou uma metodologia singular para propor a teoria sociológica científica. Essa metodologia está constituída por duas partes básicas; a partir de conceitualização rigorosa e de estudos empíricos enfocados a fenômenos sociológicos, conseguiram estabelecer proposições baseadas em fatos demonstráveis. Tais proposições se formam

---

[3] Jack P. Gibbs, Walter T. Martin, Ralf Dahrendorf, Hebert L. Costner, etc., citados por Blalock em *Construcción de teorías en ciencias sociales*, Trillas, 1986.

para estabelecer correlações ou relações causais entre as variáveis implicadas (método indutivo). Uma vez que se consiga estabelecer as proposições, passa-se à operação seguinte: organizam-se as proposições para formar um corpo axiomático com elas (método dedutivo), respeitando os princípios de completude, consistência e independência. A partir da axiomatização deduziram teoremas cuja demonstração por inferência lógica constitui a teoria. Em resumo, essa é a metodologia aplicada.

Então se explicará como se forma a teoria sociológica científica.

Antes de iniciar é necessário considerar dois princípios básicos:

- As proposições axiomáticas deverão ser verificadas, de preferência, por métodos estatísticos.

- Com relação às proposições, é conveniente fazer enunciados com variáveis contínuas em que as co-variações possam ter assimetria causal do tipo a maior X, maior Y.

Este último princípio envolve conceitos que é necessário explicar. O termo variável significa o que varia ou que pode variar; nesse caso haverá variação com relação a uma medida; dessa maneira, entra-se no assunto central com respeito ao conceito de variável utilizado em ciências sociais. Em efeito, as proposições que se constroem em ciências sociais são feitas de tal maneira que estabelecem um tipo de inter-relação cujos valores podem mudar no tocante a uma medida.

Não há que se confundir, na proposição há um sujeito e um predicado; mas, para efeito de medi-los, estes são denominados variáveis. Por exemplo: quanto maior pressão social, menor mobilidade. Os conceitos pressão social e mobilidade estão relacionados inversamente porque, de acordo com a proposição, quando aumenta a pressão social, diminui a mobilidade das pessoas; este último já implica uma certa forma de medida e em tal caso tanto pressão social como mobilidade recebem o nome de variáveis. A mobilidade depende da pressão social, por isso a esta última se conhece com o nome de variável independente e mobilidade é variável dependente. O que é variável contínua? É aquela que pode tomar qualquer valor de uma escala numérica. Quando se quer conhecer o efeito que produzem variáveis de nível ordinal ou proporcional, então se fazem análises de co-variável. Tem-se assimetria causal quando se pode medir associação entre variáveis e é possível predizer o valor da variável dependente quando se conhece o valor da variável independente.

Proposta de teoria sociológica feita por Zeeterberg em seu livro *Teoria e Verificação*:[4]

---

[4] *Ibid*, pág. 24.

Axiomas

1. Quanto maior divisão do trabalho, maior solidariedade.
2. Quanto maior solidariedade, maior consenso.
3. Quanto maior número de associados, maior divisão do trabalho.
4. Quanto maior solidariedade, menor número de exclusão de não-adaptados.

Teoremas

1. Quanto maior divisão do trabalho, maior consenso.
2. Quanto maior solidariedade, maior número de associados por membro.
3. Quanto maior número de associados por membro, maior consenso.
4. Quanto maior consenso, menor número de retrocesso de não-adaptados.
5. Quanto maior divisão de trabalho, menor número de exclusão de não-adaptados.
6. Quanto maior número de associados por membro, menor número de exclusão de não-adaptados.

Análise notacional

Divisão do trabalho = A
Consenso = B
Solidariedade = C
Número de associados = D
Exclusões de não-adaptados = E

Símbolos a utilizar

\> maior que
< menor que

Axiomas

1. $> A > C$
2. $> C > B$
3. $> D > A$
4. $> C > E$

Teoremas

1. $> A > B$
2. $> C > D$
3. $> D > B$
4. $> B < E$
5. $> A < E$
6. $> D < E$

No livro *Integração ao status e suicídio*, Jack P. Gibbs e Walter J. Martin,[5] propõem a seguinte teoria:

Axiomas

1. A taxa de suicídio de uma população varia inversamente com a estabilidade das relações sociais dentro dessa população.

---
[5] *Ibid*, pág. 27.

2. A estabilidade e a durabilidade das relações sociais dentro de uma população variam diretamente com o grau em que os indivíduos dessa população se sujeitam às expectativas e aos requerimentos formulados e socialmente sancionados que lhes impõem os demais.
3. O grau em que os indivíduos de uma população se sujeitam às expectativas e aos requerimentos formulados e sancionados que lhes impõem os demais varia inversamente com o grau em que os indivíduos dessa população estejam confrontados com conflitos de rol.
4. O grau em que os indivíduos de uma população se confrontam com os conflitos de rol varia diretamente com o grau em que os indivíduos ocupam *status* incompatíveis dessa população.
5. O grau em que os indivíduos ocupam posições incompatíveis em uma população varia inversamente com o grau de integração de *status* nessa população.
6. A taxa de suicídios de uma população varia inversamente com o grau de integração de *status* dessa população.

Análise notacional

- Taxa de suicídios = A
- Estabilidade e durabilidade = B
- Expectativas e requerimentos = C

- Conflitos de rol = D
- *Status* incompatíveis = E
- Integração de status = F

Nota: Se passar de uma relação direta ou inversa a uma igualdade ao utilizar uma constante de proporcionalidade, a qual neste caso será K.

1. $A = K\ 1/B$
2. $B = K\ C$
3. $C = K\ 1/D$
4. $D = K\ E$
5. $E = K\ 1/F$

Teorema

6. $A = K\ 1/F$

Nesse caso a teoria se constitui somente por uma lei, o teorema assinalado com o número 6.

COMO FORMAR A TEORIA EM TURISMO APLICANDO OS RACIOCÍNIOS INDUTIVO E DEDUTIVO

Ao conhecer as propriedades formais de um sistema dedutivo, dá-se um grande passo na compreensão de um método que permite formar a teoria axiomática nas ciências sociais; mas isso não é tudo, no caso da sociologia se aplica diretamente o método porque o conhecimento está formalizado. O que significa isto? Significa que os pesquisadores conseguiram formar uma teoria que contém unidade formal e conceitual ou semântica. A primeira consiste na conexão lógica do sistema e constituição do processo hipotético-dedutivo. A segunda, em que o sistema deve construir-se considerando uma classe relacionada por propriedades mútuas; essa classe de objetos é o universo de discurso. A teoria destina a essa classe de objetos certas propriedades, cada uma das quais se explica com um predicado; esse predicado deve pertencer a uma família singular e, além disso, é necessário que concordem entre si quando se distribuem entre as suposições iniciais da teoria.

A teoria sociológica cumpre com as condições de consistência formal e conceitual; mas o conhecimento do turismo não. Por isso o título com o qual se inicia esse tema é: "Como formar a teoria em turismo", ou seja, é uma frase condicional porque se sujeita à formação do conhecimento.

Sabe-se que, desde o ponto de vista semântico, a teoria se dirige de maneira imediata à criação do modelo conceitual cujo propósito é simbolizar a realidade e, nesse sentido, é um formador. A seguir se apresenta um exemplo de como proceder para fazer teoria em turismo, ainda que a proposta seja informal e não cumpra as condições do formador.

Axiomas

1. Quanto maior turismo receptivo, maior degradação do ambiente.
2. Quanto maior turismo receptivo, maior captação de divisas.
3. Quanto maior a degradação do ambiente, menor atrativo turístico.

Teorema

4. Quanto menor atrativo turístico, menor captação de divisas.

Análise notacional

Turismo receptivo = A
Degradação do ambiente = B
Captação de divisas = C
Atrativo turístico = D

Axiomas

1. $>A > B$
2. $>A > C$
3. $>B < D$

Teoremas

4. $<D < C$

O conhecimento do turismo é estudado por diferentes disciplinas científicas, isso representa uma escolha difícil de sortear, a partir do ponto de vista semântico ou de unidade conceitual, porque se introduzem com certos conceitos que pertencem a diferentes corpos teóricos, transbordando o universo de discurso particular. Por tal motivo, é necessário tratar de solucionar o problema a partir de conceitos como: interdisciplinar, transdisciplinar, etc., que dão pautas para abordar corretamente o problema de formar a teoria do conhecimento turístico.

Capítulo **3**

PESQUISA INTERDISCIPLINAR

Este guia destina-se a estudantes de turismo, por isso convém esclarecer qual é a natureza dessa matéria de estudo. As carreiras de turismo de níveis médio-superior e superior, licenciatura e pós-graduação estão orientadas para aspectos eminentemente práticos: administração de empresas turísticas, licenciatura em turismo com especialidade em hotéis e restaurantes, especialidade em agências de viagens, planejamento turístico, etc., isto é, o conhecimento que se distribui nas escolas de tipo tecnológico. Isto não quer dizer que os programas de estudo omitam o conhecimento de matérias humanísticas e científicas, ensinam-se sociologia do turismo, história da cultura, matemática, economia, metodologia da pesquisa, etc. Contudo, a finalidade da carreira é preparar recursos humanos na área tecnológica. A formação de pessoal especializado de níveis médio-superior e superior, licenciatura e pós-graduação, se consegue por várias disciplinas, por isso se pode dizer que a formação do estudante é multidisciplinar com fins tecnológicos.

Antes de prosseguir é conveniente explicar o que se entende por disciplina para compreender o conceito de multidisciplina. Disciplina é um conjunto específico de conhecimento suscetível de ser ensinado e que contém seus próprios antecedentes quanto a pedagogia, procedimentos, métodos e áreas de conteúdo.

Existe uma tendência humana de separar e classificar objetos de estudo para conhecê-los e conceituá-los. Essa fragmentação da natureza e delimitação do universo de discurso permitiu formular melhor os problemas e aproveitar melhor a acumulação de conhecimento particular. Em conseqüência, o saber está dividido em áreas com métodos próprios, procedimentos e leis que conformam uma disciplina.

Em termos gerais, a disciplina requer um corpo teórico para ser ensinada. Então, a partir do ponto de vista epistemológico, o conhecimento do turismo não é uma disciplina porque necessita de corpo teórico; não obstante, como objeto de estudo, cai no âmbito de disciplinas particulares independentes que a estudam desde seu enfoque respectivo. A economia, a antropologia, a psicologia social, a sociologia, a ecologia, etc., o incorporam dentro de seu contexto para explicá-lo com seus respectivos instrumentos metodológicos. Por essa razão, o turismo é multidisciplinar. O multidisciplinar é uma justaposição de diversas disciplinas que são estudadas sem estabelecer relações entre elas. Não é necessário ser muito perspicaz para compreender que o turismo, como objeto de conhecimento, constitui um núcleo de união entre as diferentes disciplinas que o tratam e, por esse motivo, é factível relacionar as disciplinas em torno de um objeto de estudo comum para ajustar um corpo de conhecimento interdisciplinar.

O conceito de interdisciplinaridade tem sido profusamente analisado pelos pesquisadores que diferem em seus enfoques; nesse caso se adotará o ponto de vista defendido por Jean Piaget porque há coincidência entre suas propostas e o que pretende este guia.

No congresso sobre interdisciplinaridade celebrado em Niza, Jean Piaget se baseou na epistemologia para validar o interdisciplinar como teoria do conhecimento. A interdisciplina não está no fato de que uma disciplina sirva como auxiliar de outra, como é o caso da estatística para a economia, tampouco a relação de disciplinas muito próximas entre si, como a físico-química ou a biologia física. De acordo com Piaget, a interdisciplina é uma inter-relação orgânica dos conceitos de diversas disciplinas até o ponto de constituir uma nova unidade formada com as contribuições de cada uma das disciplinas particulares. Isto compreende um processo de integração interna e conceitual que rompe a estrutura de cada disciplina para formar uma axiomática nova e comum a todas elas com o fim de dar uma visão unitária de um setor do saber. A esse processo foi destinado um conceito que também é aceito, que se chama transdisciplina ou passo a uma nova disciplina.

Para Piaget, o conjunto dos conhecimentos científicos configura uma totalidade porque a realidade analisada por cada ciência é isomórfica; isto quer dizer que as análises efetuadas em campos diferentes dão lugar a estruturas similares, as quais possibilitam que os dados obtidos em um campo ajudem a esclarecer outro. As estruturas subjacentes a todas as ciências são as mesmas, já que entre as ciências não há descontinuidade sem uma ordem comum. O homem é um objeto de estudo da biologia, da psicologia e das ciências sociais, por exemplo, isso explica a continuidade das disciplinas.

As estruturas subjacentes às ciências são modelos de compreensão lógico-matemáticos comuns à constituição de diversos objetos de estudo. Depois da diversidade empírica se encontra a explicação comum e essa explicação responde à estrutura da realidade.

Quando se aplica o conceito de interdisciplinaridade, para o caso do turismo será necessário formar um corpo teórico a partir desse conceito; isto se conseguiria no caso de se unirem organicamente as disciplinas componentes para inaugurar um campo novo que reuniria aspectos de disciplinas não ligadas previamente.

Um dos pontos mais difíceis de superar é o semântico ou unidade conceitual da teoria; Piaget e Lichnerowics asseguram que é possível utilizar uma interlinguagem para a formação interdisciplinar de uma nova teoria. Contudo, a proposta dos dois pesquisadores poderia criar confusões e situações ambíguas ao utilizar uma linguagem sem delimitações; por isso se propõe a criação de uma nova linguagem teórica, para a qual seria necessário elaborar conceitos que interpretem, de maneira fiel, os fatos, os fenômenos ou as situações em estudo. Esta deverá ser uma tarefa principal dos pesquisadores que trabalham no campo de turismo.

Quanto à consistência formal, em páginas anteriores se deu um exemplo de como se poderiam aplicar os métodos dedutivo e indutivo para formar um corpo axiomático.

Cada disciplina que estuda o turismo abrange um segmento da realidade turística e é necessário descobrir um meio que permita apreender a totalidade do conhecimento para ter o universo de discurso apropriado. Dessa maneira, se terão bases epistemológicas para validar a interdisciplinaridade: a criação de um objeto teórico novo surgido de disciplinas prévias que tenha como finalidade resolver problemas complexos.

Entre as disciplinas que estudam o turismo estão as seguintes:

Sociologia: por meio da sociologia é possível conseguir uma aproximação das causas sociais do fenômeno turístico; entre essas causas estão as seguintes: as prestações sindicais que reduzem a jornada de trabalho, as férias pagas e a existência de organizações como FIDETO (Fideicomiso para el Turismo Obrero), TURISSSTE (Sistema de Agencias Turísticas del ISSSTE), Seguro social, CREA, as quais favorecem deslocamentos turísticos.

Economia: em qualquer deslocamento humano são gerados gastos que podem ser captados como ingressos; estes, ao administrar-se, geram empregos e investimentos. Também se cria um mercado turístico regido pela lei da oferta e procura que tem relação com os recursos e serviços turísticos e à corrente de turistas.

Psicologia: esta disciplina permite conhecer quais são as motivações que tem o indivíduo ao viajar; responde às perguntas como, quando e por que viaja o turista; com base nisto se podem realizar campanhas promocionais adequadas e tomar medidas para melhorar serviços, instalações, etc.

Antropologia: esta ciência desenvolve diferentes teorias para conhecer a parte da natureza humana que impulsiona o indivíduo a sair para viajar e como, com ele, modifica a organização socioeconômica e cultural à que chega e inclusive da que sai.

Ecologia: esta ciência relaciona as correntes turísticas com a degradação do ambiente nos centros turísticos muito visitados.

Matemática: a matemática em geral, e em particular a estatística, permite realizar análises quantitativas do fenômeno turístico e prognósticos úteis para o planejamento.

Tecnologia: a tecnologia é um instrumento importante no fenômeno turístico e dele temos exemplos nos sistemas computadorizados de reservas no transporte e hotéis; técnicas contáveis próprias para atividade, etc.

Essa multidisciplinaridade deve conjugar-se em espaços apropriados para criar a teoria e para isto se requer uma metodologia que conduza a tal fim; a metodologia mencionada será proposta a seguir.

METODOLOGIA PARA A PESQUISA CIENTÍFICA DO TURISMO

A pesquisa sobre turismo pode fazer-se a partir de dois pontos de vista: macro e microestudo. O nível macro compreende fatos totalizadores e em massa; no nível micro são realizados estudos de regiões ou grupos pequenos. Depois se escolhe a classe de turismo que se quer pesquisar, seja egressivo, receptivo, interno ou social, e cada um deles pode abordar-se de maneira interdisciplinar, com enfoques de diferentes ciências (sociologia, economia, antropologia, etc.)

Se um grupo de pesquisadores quer fazer pesquisa sobre o turismo, deverá indicar que tipo de estudos quer fazer: macro ou micro; a classe de turismo que selecionará e o enfoque interdisciplinar que utilizará. Dessa maneira, se iniciará um processo que pode terminar na criação de uma linguagem conceitual particular e descobrimento de leis que em seu conjunto poderiam formar um corpo teórico. Com base no anterior se definirão conceitos básicos.

O turismo é uma atividade humana que pode explicar-se por meio de diferentes ciências: sociologia, economia, antropologia, psicologia, ecologia, matemática, etc.; estuda-se de maneira multidisciplinar e, em conseqüência, pode ser pesquisado de maneira interdisciplinar para resolver problemas práticos. O que é um turista? O turista é toda pessoa que está disposta a pagar serviços turísticos em troca de recreação, descanso, conhecimento de novas paisagens e/ou aquisição de cultura. Agora é necessário definir o especialista que faz pesquisa interdisciplinar sobre o turismo. Chama-se turismólogo aquele pesquisador que consegue coordenar esforços para resolver um problema, integrando fragmentos da realidade para dar uma explicação total desde a perspectiva interdisciplinar. Esta última idéia pode ficar mais clara quando se proporciona um exemplo. Suponhamos que, de acordo com o esquema dado anteriormente, um grupo de pesquisadores decida terminar um macroestudo que trate sobre o turismo receptivo no Estado de Guanajuato, apoiando-se em disciplinas como sociologia, psicologia, antropologia e economia. Determinou-se o nível de estudos: todo o Estado de Guanajuato; a classe de turismo: receptivo; e os enfoques interdisciplinares que se aplicarão: sociologia, antropologia, etc. O turismólogo ajudará a descobrir a ramificação e a teoria que se utilizará em cada disciplina, já que, como se viu, cada ciência tem ramificações de estudo e teorias que ajustam o corpo teórico. Além disso, tratará de entender quais são os vínculos ou união entre as teorias selecionadas e como seria possível criar uma linguagem conceitual própria para explicar o fenômeno e finalmente estabelecer proposições que ajustem um corpo axiomático para deduzir teoremas (leis) que permitam a criação de teorias. Esse seria o trabalho do turismólogo.

Protocolo de pesquisa

Para realizar a pesquisa deve ser dada uma série de passos que examinem o caráter lógico; para indicar o que se pretende fazer, é necessário recorrer ao protocolo de pesquisa no qual se explicam quais são os procedimentos que se efetuarão para alcançar os resultados propostos. Como se pode compreender, ambos estão estreitamente relacionados. No formato de protocolo para projetos de pesquisa têm-se os seguintes pontos:

- Resumo do projeto, no qual se mencionam os aspectos que permitem dar uma idéia do que se pretende realizar.

- Explicar o estado da arte no campo, que dizer, marcar o grau de desenvolvimento alcançado na pesquisa ou conhecimento dos fatos que se pesquisam.

- Estabelecimento do problema ou questão que se quer resolver.

- Objetivos e metas, lucros que se pretendem alcançar de formas qualitativa e quantitativa.

- Metodologia ou procedimento que pensam seguir para alcançar os objetivos e metas traçados.

- Programa de atividades, em que se indicam o tempo de duração na realização do projeto e as atividades a efetuar para alcançar as metas.

- Recursos com que se conta para desenvolver a pesquisa e necessidade de financiamento.

Em correspondência com o protocolo, se propõem os seguintes passos para realizar a pesquisa:

- Eleição do tema.
- Elaboração do marco teórico.
- Estabelecimento de proposições axiomáticas.
- Verificação das proposições axiomáticas.
- Dedução dos teoremas.
- Elaboração do reporte da pesquisa.

As proposições axiomáticas se relacionam com os objetivos, quer dizer, o enunciado das proposições deve indicar o que se pretende conseguir; a verificação de proposições se relaciona com as metas ou medida dos lucros de objetivos.

Como alcançar objetivos e metas é assunto que se refere à metodologia, a qual mostra os procedimentos adequados para cada caso; será separado cada um dos passos anteriores para explicar em que consiste cada um deles.

Eleição do Tema

Em primeiro lugar é necessário especificar se existe interesse em concluir um estudo em nível macro, quer dizer, que abranja totalidade ou se, ao contrário, prefere-se um micro ou de pequenos grupos. Em segundo lugar é conveniente determinar que classe de turismo haverá de se pesquisar e, o que é mais importante, que aspectos dessa classe de turismo. Para poder especificar o tema em si e encontrar o problema específico que se quer resolver, será necessário fazer uma revisão bibliográfica; esta consiste em leituras gerais sobre a classe de turismo selecionada, para gradualmente abordar o tema de interesse. Suponhamos que se escolheu o turismo receptivo como tema de estudo; pois bem, se recorrerá a livros, folhetos, artigos que expliquem essa classe de turismo para depois reduzir o campo de leitura até fazer a eleição apropriada. No exemplo dado, o objeto de estudo poderia ser os turistas de certa nacionalidade, o transporte, os centros turísticos, etc.; dessa maneira, podem ser encontrados o tema de pesquisa e o problema que se quer resolver.

ELABORAÇÃO DO MARCO TEÓRICO

Este ponto é de suma importância para todo estudante de turismo que queira fazer pesquisa científica, e o é por uma simples razão: o conhecimento do turismo não tem teoria e, em conseqüência, não se pode ter marco teórico do turismo; o importante do caso é que sem marco teórico a pesquisa não tem *status* científico.

O título deste livro é *Metodologia da Pesquisa Aplicada ao Turismo*, isto implica a possibilidade de realizar pesquisa a partir do ponto de vista formal. É certo, o problema metodológico se soluciona com base na interdisciplinaridade do conhecimento. Nesse caso, parte-se do marco teórico pertencente a uma disciplina científica para enlaçar as variáveis que constituem o marco com as variáveis turísticas que são objetos de estudo. Vejamos este com mais atenção.

Quando se elege um dos distintos enfoques interdisciplinares a partir dos quais se abordará a pesquisa, se começa por reunir bibliografia relacionada com essa teoria em particular e são feitas leituras para encontrar os conceitos básicos que expliquem a teoria (variáveis desde o ponto de vista da medição). Depois de identificá-las, trata-se de entender como se relacionam entre si; pode ser por co-variação, correlação, causalidade ou qualquer outra forma. A leitura de obras escritas por diferentes autores deve nos levar à certeza de que as variáveis identificadas são relevantes para a compreensão da teoria; a seguir identificamos a variável da teoria, que torna possível a união com variáveis pertencentes ao campo do turismo, identificadas de maneira empírica. Aplicando lógica se presume certa relação entre essas duas variáveis pertencentes a campos distintos de conhecimento. Esta é uma situação-chave, porque permite delinear uma proposição axiomática, que deve ser verificada para que seja aceitável como parte do corpo de proposições axiomáticas.

A partir de um ponto de vista interdisciplinar, segue-se o mesmo procedimento para formar o marco teórico dos distintos enfoques disciplinares que se utilizam na pesquisa. Nesse ponto é necessário fazer uma advertência para o bom uso da metodologia: em uma ciência formal como a geometria, os axiomas e postulados se dão sem demonstração, são evidentes por si mesmos, o que não acontece em ciências sociais ou no campo do turismo. Nesse caso, as proposições axiomáticas devem ter uma base empírica provada ou verificada por correlação de dados ou técnicas estatísticas.

Estabelecimentos das Proposições Axiomáticas

Do corpo axiomático se deduzem teoremas ou leis que formam a teoria, produto, nesse caso, da interdisciplinaridade. Pretende-se com ele concluir um processo de integração que rompa a estrutura de cada disciplina para construir uma teoria nova que possa explicar os fenômenos turísticos de forma unitária.

A elaboração do marco teórico é um processo que requer dedicação e empenho, vale a pena fazê-lo; um marco teórico bem estabelecido facilita a tarefa de pesquisa ao sugerir a proposição axiomática apropriada e, em conseqüência, a técnica para verificá-la.

Em primeiro lugar, é necessário selecionar a disciplina ou ciência a partir da qual se abordará o problema turístico a resolver e identificar a ramificação dela diretamente relacionada com o assunto a tratar. Suponhamos que se tome como base a teoria sociológica e que o estudo recaia em uma de suas ramificações: sociologia do trabalho, em relação com as concessões obtidas pelos sindicatos para desfrutar o tempo livre.

Posteriormente, se faz uma busca em bibliotecas para encontrar livros, revistas e artigos sobre o tema. É necessário, também, que estejamos alertas a um detalhe: a informação obtida tem de ser a mais recente no campo para ter informação de fronteira; por outro lado encontraremos que os autores e pesquisadores diferem em seus delineamentos sobre um mesmo tema, por isso é recomendável identificar a corrente de pensamento que concorde com a posição própria ou o ponto de vista a partir do qual se quer realizar a pesquisa. Uma vez que se consiga isto, a revisão bibliográfica deverá ser feita buscando obras de autores que tenham afinidades. Para registrar os textos corretamente se elaboram fichas bibliográficas com o nome do autor, título e base de imprensa. Quando se tem o arquivo completo, então se fazem fichas de trabalho que contenham uma cabeça ou registro que permita localizar rapidamente o tema, o nome do autor, o título do livro e indica-se a página ou páginas das quais se obteve a transcrição ou idéias que contém o cartão; uma vez realizada essa operação, se integra o material em uma ordem que possa começar com a relação de estudos prévios aos que foram relevantes à variável em observação e como se inter-relaciona com outras desse campo.

O pesquisador tem uma idéia preconcebida ou pressupõe que alguma das variáveis identificadas poderia enlaçar-se com uma variável empírica tomada do campo turístico e que esta poderia encadear-se por intermédio de uma proposição axiomática. Assim, portanto, a proposição deriva do marco teórico e, ao enunciar, enlaça uma variável da teoria com outra do campo turístico. A relação pode ser de diferentes formas, incluída a de causalidade. O formato do protocolo se relaciona com esse passo da pesquisa porque os objetivos são elaborados a partir dos enunciados de cada proposição axiomática.

VERIFICAÇÃO DAS PROPOSIÇÕES AXIOMÁTICAS

Suponhamos que o pesquisador tenha estabelecido uma proposição axiomática, que nesta se relacionam por associação ou casualmente duas variáveis e que já conseguiu estabelecer indicadores; então se apresenta o seguinte problema: Com que dados pode-se consignar valor aos indicadores? Qual será a escala de medição?

Os dados que dão valor aos indicadores devem desprender-se da realidade com base empírica e podem obter-se de informação estatística ou pesquisar por meio de perguntas que se formulam nos instrumentos para recopilar informação: questionários, entrevistas, etc. Com respeito à seguinte pergunta pode-se dizer que no caso do turismo só existem quatro formas para medir: na escala ou nível nominal, ordinal, intervalar e de razão. A isso, é necessário agregar algo importante: a cada nível de medição corresponde uma técnica estatística, já que com esta se pode verificar a proposição axiomática.

Vamos dar valores supostos aos indicadores das variáveis propostas na página 73, para que se compreenda ao que já foi dito por meio de um exemplo.

Seja a proposição: Quanto maior turismo receptivo, maior captação de divisas em Cancún. Nesse caso, serão considerados o número total de turistas estrangeiros e o gasto total feito por eles em uma série de anos que abrangem de 1985 a 1989.

Anos	Números de turistas (em milhares)	Captação de divisas (em milhares de dólares)
1985	14	26
1986	16	32
1987	19	43
1988	21	54
1989	24	62

No exemplo suposto pode-se observar que, por correlação, poderíamos verificar a proposição e aceitá-la dentro do corpo axiomático. As proposições restantes devem ser verificadas com a técnica que o caso exija. O protocolo e esse passo da pesquisa se relacionam entre si porque cada meta corresponde à verificação da proposição. A metodologia indica os procedimentos a seguir para alcançar as metas.

ESTABELECIMENTO DO TEOREMA OU TEOREMAS

O teorema ou os teoremas devem desprender-se do corpo axiomático de maneira lógica, constituem em si a teoria e são o produto terminal do processo interdisciplinar.

ELABORAÇÃO DO RELATÓRIO DE PESQUISA

Os pesquisadores têm o compromisso social de conhecer o resultado de suas pesquisas e por isso se elabora o relatório da pesquisa, o qual deve conter um índice com cada um dos passos que foram enumerados anteriormente.

Capítulo 4

CASOS PRÁTICOS

Com o propósito de que o estudante tenha um guia ao realizar sua pesquisa, serão apresentados casos práticos para que se compreenda melhor a metodologia. Primeiro se explicará como se faz o protocolo e, depois, como se desenvolve o trabalho de pesquisa a partir daquele.

PROTOCOLO DE PESQUISA

O protocolo de pesquisa é um plano e programa de trabalho por meio do qual o pesquisador obriga-se a refletir com muita atenção sobre o que se quer conseguir e como poderia consegui-lo. Não é a pesquisa em si, mas sim uma forma de explicar o que se fará para obter resultados. Pode elaborar-se da seguinte maneira:

Delineamento do problema

De acordo com as partes que formam um protocolo, comecemos pelo delineamento do problema e suponhamos que o projeto se intitula "Causas que produzem a contaminação e efeitos sobre as praias de Acapulco (caso de Fornos e Papagaio)".

Nesse caso, o pesquisador poderia dizer que, com base em uma inspeção visual a essas praias, pode observar a degradação por resíduos industriais (garrafas de vidro, botes de lâminas, plásticos, etc.) sob a água das praias e lixo de todo tipo sobre a areia e lugares próximos a essas zonas turísticas, e que por esse motivo quer estudar a fundo o problema para dar soluções possíveis em benefício da atividade turística. Em termos gerais este ponto é satisfeito ao explicar qual é o problema e como se poderia solucionar.

Estado da arte

Para se dar um exemplo de como se elabora o ponto de estado da arte, consideremos um projeto com o título: "O transporte ferroviário com fins turísticos e sua competitividade em relação a outros meios de transporte". Para satisfazer essa parte do protocolo o primeiro que deve ser feito é buscar dentro da literatura existente os trabalhos mais atualizados que tenham relação com o tema – pesquisas, artigos, livros, etc. – para localizar a própria pesquisa dentro do contexto do que se escreveu sobre o tema e, assim, encontrar nexos e orientações que podem coadjuvar na obtenção do projeto. No protocolo só se mencionam os títulos que serão revisados e explica-se o que se pretende conseguir com essa revisão.

Para a pesquisa proposta, alguns títulos seriam:

1. Tese: *Evolución del movimiento de pasajeros por ferrocarril*, 1970-1987, Escuela Superior de Turismo, IPN, 1988.
2. *Apuntes sobre Ferrocarriles Nacionales de México*, prof. Silvio Manuel Sedas, Escuela Superior de Turismo, IPN, 1980.
3. Tese: *Terminales de autobuses en el D. F.*, María Violeta Cabañas, Escuela Superior de Turismo, IPN, 1988.
4. *El ferrocarril como medio de transporte para promover el turismo en México*, Nieves Hernández Abreu, Escuela Superior de Turismo, IPN, 1989.
5. *Programa Nacional de Comunicaciones y Transportes, 1989-1994*.

Marco teórico

Nesta parte do protocolo o pesquisador deve colocar à prova seus recursos e justificar plenamente a categoria científica de sua pesquisa, já que sem teoria não há ciência, e, quando se quer fazer pesquisa científica, é necessário unir idéias dentro do corpo teórico de uma ciência estabelecida como tal. É nesse ponto fundamental do protocolo quando a pesquisa, para o caso do turismo, toma seu próprio caminho e essa nova metodologia tem sua justificação: o conhecimento do turismo não tem um corpo teórico e, em conseqüência, não se pode partir de um marco teórico do turismo; contudo, em razão da interdisciplinaridade dessa matéria, é possível partir de uma teoria, que pode ser de economia, sociologia, antropologia, psicologia, ecologia, etc. Para cumprir os requisitos que exige o protocolo, é necessário indicar quais enfoques interdisciplinares serão utilizados e quais textos científicos serão consultados para cada disciplina. Se consideramos o projeto: "Efeitos da influência turística em Pátzcuaro e Janitzio", seria possível dizer que a pesquisa tem os seguintes enfoques: econômico, sociológico, antropológico, psicológico, etc., e, em seguida, seriam anotados no protocolo os textos que seriam utilizados, classificando-os por ramificações do conhecimento. Por exemplo:

Psicologia

1. Morgan, Clifford T., *Introducción a la psicología*, McGraw-Hill, 1977.
2. O., James; Whittaker, Sandra J., *Psicología*, Interamericana, 1985.

3. Von Haller Gilmer, B., *Psicología general*, Harla, 1974.
4. Engle; Snellgrove, *Psicología*, Publicaciones Cultural, 1989.

Sociologia

1. Spencer, Herbert, *The Principles of Sociology*, Apleton e Co., Nova York, 1970.
2. Amaya Serrano, Mariano, *Sociología general*, McGraw-Hill, 1986.
3. Ayala, Francisco, *Tratado de sociología*, Aguilar, 1961.

Antropologia

1. Calderón, Alor A., *Antropología social*, Oasis, 1970.
2. Beals, Ralph L., *Introducción a la antropología*, Aguilar, 1963.

Economia

1. Samuelson, Paul A., *Curso de economía moderna*, Aguilar, Madrid, 1979.
2. Scheifler, Xavier, *Teoría económica*, Trillas, México, 1978.
3. Meyers, Albert L., *Elementos de economía moderna*, Plaza & Janés, Barcelona, 1973.

Nota: Ao tratar o ponto "desenvolvimento da pesquisa", será explicada minuciosamente a forma como se elabora o marco teórico e como se une este com conhecimento empírico sobre turismo para produzir uma proposição axiomática. Para ele o pesquisador deverá ter uma idéia clara da proposição axiomática que deseja obter e como será possível verificá-la; sobre esse conhecimento se baseia o desenvolvimento de toda a pesquisa. No protocolo só são anotados os textos que foram consultados.

Objetivos e metas

Nesta parte do protocolo o pesquisador estabelece o que espera conseguir com seu trabalho, define a direção para onde se encaminharão todos seus esforços. Obviamente que esta é a parte mais importante do planejamento porque orienta a atividade em direção à obtenção de lucros concretos. Não basta especificar o que se quer conseguir, é necessário também explicar a medida desses lucros, dizer com números, poder quantificar cada objetivo, a isso se chama meta.

De acordo com o caminho novo que está sendo proposto, para fazer pesquisa científica sobre o turismo, devemos utilizar um procedimento particular para propor os objetivos; este consiste em ter uma idéia clara da proposição axiomática devidamente justificada pelo marco teórico para relacionar a idéia de cada proposição axiomática com a redação de cada objetivo. Por meio da redação de objetivos e metas é dito como serão verificadas as proposições axiomáticas que são, em si, os objetivos concretos a conseguir.

Para esclarecer esse ponto é necessário dar um exemplo a partir do projeto: "O transporte ferroviário com fins turísticos e sua competitividade em relação com outros meios de transporte".

OBJETIVOS

1. Avaliar os serviços a bordo como qualidade para observar sua relação com a demanda.

2. Analisar a demanda e sua relação com os ingressos que capta ferrovias.
3. Conhecer como influi a publicidade e a informação no incremento da demanda desse serviço.

Para estabelecer esses objetivos, previamente se pensou nas proposições axiomáticas que serão justificadas e fundamentadas por meio do marco teórico e verificadas por meio da pesquisa; para esse caso elas poderiam ser:

1. Quanto maior qualidade no serviço, maior captação de turistas.
2. Quanto maior captação de turistas, maior captação de entradas.
3. Quanto maior publicidade e informação, maior aceitação e uso do transporte.

Esclarecimento: No protocolo só são escritos os objetivos e as metas, não são anotadas as proposições axiomáticas, porque essa parte corresponde à pesquisa em si. Nesse caso serão anotados somente como exemplo.

METAS

1. Será medida a correlação: qualidade de serviços-demanda.
2. Será medida a correlação: demanda-entradas.
3. Será medida a correlação: demanda-incremento de publicidade e promoção.

Metodologia

A metodologia, como parte do protocolo, está estreitamente relacionada com objetivos e metas; por essa razão no primeiro exemplo serão enunciados os objetivos para explicar como se elabora a metodologia.

Coloque-se por acaso o projeto titulado:"Importância econômica das linhas aéreas dentro da atividade turística". Se os objetivos forem:

1. Pesquisar quais são os destinos turísticos da linha aérea e sua entrada por vendas para calcular o incremento em vendas ao aumentar o número de destinos turísticos.
2. Conhecer como aumenta a competitividade ao incrementar-se o investimento em publicidade e promoção.
3. Pesquisar como e por que o incremento da atividade turística traria como conseqüência maior captação de divisas para a empresa.

Nota: Os objetivos citados serão enunciados para o caso suposto de uma linha aérea: Aerotrans.

A metodologia para alcançar os objetivos seria a seguinte:

1. Serão feitas pesquisas documental e de campo para conhecer:

a) Rotas e destinos turísticos da linha aérea.
b) Volume de tráfico e utilidades claras.
c) Estudo de mercado de outros destinos turísticos e cálculo de utilidades potenciais para a empresa.

2. Será feito um estudo para conhecer qual é a relação entre incremento no investimento publicitário e a competitividade da empresa.
3. Por meio de trabalhos de campo, documental e mercadológico se conhecerá como a expansão internacional, em direção ao mercado dos Estados Unidos, Canadá e Europa, trará captação de divisas em volume rentável para a empresa.

Cronograma

Todos os pontos do protocolo se relacionam uns com outros de maneira seqüencial, de tal forma que o precedente serve de base ao presente e este se une com o conseqüente. Essa regra se aplica também para o caso do cronograma. Neste é enumerado em coluna cada um dos pontos da metodologia, como atividades a realizar e, em correspondência, o tempo que se utilizará para efetuar cada uma delas (ver Quadro 4.1).

Recursos

Nesta parte do protocolo é feita uma listagem dos recursos materiais e humanos necessários para conduzir o projeto a uma boa conclusão.

Quadro 4.1 - Exemplo de cronograma

Atividades	Tempo (meses)											
	1	2	3	4	5	6	7	8	9	10	11	12
Serão realizadas pesquisas documental e de campo para conhecer: • Rotas e destinos turísticos • Volume de tráfico e utilidades • Estudo de mercado de outros destinos e cálculo de utilidades	▨	▨	▨									
Será estudada a relação entre incremento de investimento publicitário e competitividade				▨	▨	▨						
Será conhecido como a expansão em direção ao mercado permitirá captar divisas em volume rentável							▨	▨	▨			
Revisão, digitação e entrega de resultados										▨	▨	▨

Apresentação do protocolo

O protocolo é um instrumento que permite ao pesquisador modelar suas reflexões e intenções em um documento que o guiará para fazer seu trabalho; ainda assim, como todo plano e programa, as idéias e as intenções que estão escritas nele podem mudar em certa medida quando o pesquisador enfrenta a realidade, então, devem ser feitos ajustes, ainda que as partes essenciais fiquem praticamente inalteradas.

Não se deve esquecer que o protocolo só permite ao pesquisador expressar por escrito o que quer fazer; dessa maneira, tanto ele como seus colegas ou patrocinadores do projeto saberão o que se espera do trabalho.

É aconselhável que no início do protocolo seja apresentado um pequeno resumo de todo seu conteúdo para que os interessados em conhecer o projeto se inteirem de forma superficial do que encontrarão. Obviamente, o resumo é escrito no final, mas ao se apresentar o documento aparece no início.

DESENVOLVIMENTO DA PESQUISA

Quando houver concluído o protocolo, como plano e programa de trabalho, deve-se iniciar o desenvolvimento da pesquisa ou execução do plano e programa; começa-se a realizar o previsto.

Estado da arte

É feita a leitura do material selecionado para este ponto e são elaboradas as fichas que contenham resumos de temas que nos interessam, pois estão relacionados com nossa pesquisa; são encontrados nexos entre esses resumos e nosso próprio trabalho para localizá-lo no contexto que contém estudos semelhantes ao que realizamos.

Ao elaborar o relatório sobre esse estudo é necessário explicar como está nossa pesquisa dentro de uma corrente de estudos relacionados com o próprio projeto e de que maneira, com nosso trabalho, podemos esclarecer algum aspecto pouco estudado, confuso ou como se contribui com ele à cultura que está sendo gerada nesse campo.

Considera-se novamente o projeto:"Importância econômica das linhas aéreas dentro da atividade turística", e supõe-se que os pesquisadores considerem conveniente as seguintes fichas:

Título: Em apenas 15 meses a Aeroméxico cresceu 100%.
Autor: Miguel Barba Cárdenas.
Fonte: Excélsior, 10 de junho de 1990, quarta parte da seção A.

A Aeroméxico realiza em média 175 operações e transporta 15.000 viajantes por dia; essa linha aérea tem crescido 100% em apenas 15 meses ao chegar, em vôos diretos, aos Estados Unidos e Europa, respondendo, assim, ao objetivo empresarial de conquista de mercados externos.

A profissionalização da linha aérea, ponto importante para alcançar a preferência dos viajantes, se reflete na pontualidade com que trabalha. Nesse sentido, sair na hora programada e chegar de acordo com os cálculos de horários estimados permite às linhas aéreas do México alcançar uma eficiência de 99%. Isto significa que talvez o principal problema que enfrentam as linhas aéreas em geral seja superado pela Aeroméxico, graças ao pessoal, ao seu profissionalismo e à enorme disposição de servir em nome de um país como o México, que vence as barreiras do mesmo tempo.

Diante da demanda do público usuário, a Aerovias de México mostra-se preocupada em fortalecer sua frota de aeronaves e informou que na atualidade conta com 33 aviões (cinco DC-10; oito MD-82; quatro MD-88 e 16 DC-9), com os quais atende a demanda de viagens por pessoa.

Título: Trabalha ASA na ampliação e remodelação de nove aeroportos.
Autor: Jaime Duran.
Fonte: Excelsior, 27 de maio de 1990, seção E.

Diante da problemática que implica o notável crescimento do transporte aéreo, ASA trabalha na ampliação e remodelação de novos aeroportos, que controlam 75% do total de passageiros, para evitar sua saturação antes de 1994.

Nas últimas décadas, o México colocou em funcionamento 28 aeroportos. Isto quer dizer mais de um por ano, e o movimento de passageiros, que em 1965 foi de 4.478.000, passou a 30.600.000 em 1989, o qual representou um aumento de 58,3%, o mais alto que já se registrou em um país inclusive entre os mais industrializados do mundo. Nesse período a entrega de combustível para avião foi elevada seis vezes e o movimento de carga aérea passou de 39 mil toneladas a 231 mil toneladas, o que representa um aumento de cinco vezes.

Diante do problema de saturação que ameaça o aeroporto internacional da cidade do México, será colocado em funcionamento o sistema aeroportuário metropolitano (SAM) com a integração a este dos aeroportos de Toluca, Puebla, Pachuca e o apoio do de Cuernavaca.

O SAM entrará em funcionamento no período de mais ou menos três anos e mobilizará aproximadamente oito milhões de passageiros pelo aeroporto nacional e seis milhões pelo aeroporto internacional José María Morelos de Toluca, que receberá um forte investimento para que funcione em ótimas condições.

Título: São retomados os vôos comerciais entre Canadá e México.
Autor: Miguel Barba Cárdenas.
Fonte: Excélsior, 10 de junho de 1990, quarta parte da seção A.

Imediatamente 15 anos após terem sido suspensos os vôos comerciais entre Canadá e México, estes serão reiniciados no próximo mês de julho, anunciou o gerente da Canadian Airlines, que adiantou que graças a ele chegaram ao México 300 mil turistas desse país, em um só ano. O reinício de vôos diretos entre Canadá e México é resultado dos recentes convênios bilaterais, que em matéria de turismo firmaram os governos de ambos os países. O primeiro vôo direto que empreenderá a Canadian Airlines rumo ao México se realizará na última semana de julho ou primeira de agosto, em que se prevê deslocamento de 350 turistas daquele país.

Sabendo do reinício de vôos diretos entre Canadá e México, a demanda de passagens para viajar ao México tem aumentado naquele país e é muito provável que os deslocamentos se façam de forma saturada.

Agregam-se como bibliografia os seguintes títulos:

Título: Panorama da atividade turística no México.
Fonte: Anuario latinoamericano del turismo 1990. Publicado anualmente por Anuarios Latinoamericanos de México, S. A. de C. V., Colima 436, 06700, México, D. F.

Título: O segundo passageiro.
Fonte: Revista *Escala*, setembro 1989. Revista a bordo da Aerovias de México, S. A. de C. V., editada mensalmente por impressões Aéreas, S. A. de C.V.

Quando são elaboradas as fichas, esta informação se relaciona com o próprio projeto e se apresenta um documento que comprove como se relaciona nosso projeto com outros estudos e relatórios sobre o tema que se pesquisa.

Marco teórico

Neste ponto se procede da mesma maneira que no anterior, ainda que com outro propósito. Aqui a bibliografia é do tipo científico. Quando se pretende realizar trabalhos interdisciplinares baseados em enfoques científicos, fazem-se fichas de livros sobre a ciência.

Voltemos a considerar o projeto: "Causas que produzem a contaminação e efeitos sobre as praias de Acapulco (caso de Fornos e Papagaio)", e trabalhemos sobre ecologia; suponhamos que ao integrar a informação das fichas obtidas dos seguintes livros:

Título: Ecología de la organización.
Autor: Guillermo Michel.
Editora: Trillas, México, 1974.

Título: Ecología y salud.
Fonte: Secretaria da Saúde.
Editora: Tláloc, México, 1989.

Título: Fundamentos de ecología.
Autores: B. Suton e P. Harmon.
Editorial: Limusa, México, 1986.

Obtemos as seguintes bases teóricas:

Nosso planeta pode considerar-se como uma nave espacial que viaja ao redor do Sol a uma velocidade superior a 29km por segundo; a bordo há cerca de cinco bilhões de pessoas e uma quantidade limitada de ar, água e terra. Essa provisão tem de ser constantemente usada, purificada e novamente usada, porque não há maneira de obter-se mais.

Em relação ao tamanho da Terra, a camada de ar que envolve o nosso planeta é tão fina como a casca de uma maçã. Uma casca ainda mais fina que essa camada, que cobre a superfície do planeta, contém toda a terra útil e toda a água de que possam dispor os habitantes do globo terrestre. Essa finíssima camada de ar e essa casca de terra e água se chamam *biosfera* e é a que possibilita a existência de todos os seres vivos, os animais e as plantas. À *biosfera* se dá o nome de um sistema fechado porque a ele nunca se pode acrescentar mais ar ou mais terra do que sempre teve.

Além de ser um sistema fechado, a *biosfera* é também um sistema dinâmico e limitado. Dinâmico porque existe uma constante entre seus elementos, como a água, o ar e a terra; essa interação é que permite que se dêem os ciclos mediante os quais a natureza purifica seus elementos. O sistema é também limitado porque, para que se conserve a vida nele, são necessárias certas condições, como uma determinada temperatura, pressão, etc.; fora de certas condições a vida dentro deste se extingue.

A ecologia é precisamente a ciência que estuda as condições de existência dos organismos vivos e interações que se dão entre estes e seu meio; esse meio é o conjunto de condições que permitem a vida do organismo, como temperatura, água, disponibilidade de alimento, ar, luz solar, etc., enfim, tudo aquilo que possibilita que os organismos vivam e se desenvolvam.

Agora podemos relacionar os conceitos interdependência, meio e organismos que dentro dele subsistem. Um peixe fora da água morre; um pingüim não poderia sobreviver nas selvas tropicais; um camelo morreria no Alasca. Existem condições ambientais indispensáveis para que um organismo, vegetal ou animal, sobreviva no meio que o rodeia; não pode adaptar-se a mudanças violentas nem extremas.

O que acontece com o homem e esse meio? O planeta sofre falhas e imperfeições em decorrência do uso que fazemos dos recursos que a natureza oferece. Há milhões de anos a Terra tinha poucos habitantes, os quais viviam de maneira simples, caçavam e pescavam, e causavam pouco prejuízo a seu meio; mas o número de habitantes aumentou e aprendemos a explorar, cada vez mais, os recursos com os quais o planeta conta. Essa exploração irracional tem provocado uma grave contaminação que ameaça a saúde e a vida das pessoas, os animais e as plantas. A esse fenômeno se conhece como ecocídio.

A matéria que contamina um chão é lavada pela ação da chuva e arrastada em direção aos rios, lagoas e mares com conseqüências nocivas; quando os resíduos provêm de refinarias de petróleo, os resultados são desastrosos, já que esse lodo depositado no fundo do mar acaba com a vida marinha. Os elementos que com mais freqüência se encontram nas águas contaminadas são: matérias orgânicas e bactérias, hidrocarboneto, desperdícios industriais, produtos pesticidas, químicos, domésticos e resíduos radioativos...

Nota: O pesquisador deve dar mais amplitude ao marco teórico, agregando argumentos que o aproximem do tema de pesquisa. Pode ser observado que já se avançava nesse sentido; não continuou por razões de espaço.

A seguir é necessário revisar material relacionado com o conhecimento do turismo e a ecologia para elaborar fichas e integrá-las como complemento do marco teórico. Isto se faz quando o marco teórico se aproximou o mais possível do enfoque sobre turismo. No caso anterior, será quando já se tenha tratado a contaminação em praias e lugares de beleza natural. Dessa maneira, se produz um encadeamento natural entre conhecimento científico e conhecimento empírico recopilado por turismólogos. Será citado só um exemplo para saber como proceder a respeito:

Título: Turistampa, periódico nacional da indústria turística, nº 463, vol. 21, ano 20, México, D. F., 5 de fevereiro de 1989, pág. 4.

Acapulco, há algumas décadas, era o lugar de praia preferido tanto pelos turistas nacionais como estrangeiros. Era o lugar ideal para a lua-de-mel no chamado Paraíso do Pacífico. Artistas de cinema, rádio e televisão tinham em Acapulco o lugar ideal para suas reuniões, festas e eventos sociais.

Muitos anos antes que se iniciasse a excessiva contaminação de suas praias, Acapulco era amplamente conhecido no mundo; turistas, principalmente dos Estados Unidos e Canadá, escolhiam esse destino turístico para passar suas férias que, na maioria dos casos, se prolongavam por mais de duas semanas. Mas logo essas praias deixaram de ser as preferidas dos turistas em razão do grau de contaminação de suas águas...

Agora já podemos justificar teoricamente o delineamento da proposição axiomática, que se elabora encadeando variáveis obtidas das bases teóricas com variáveis extraídas do conhecimento sobre turismo.

Para o caso que aqui se trata poderíamos ter a seguinte proposição axiomática:

Quanto menor número de medidas de controle para preservar a limpeza das praias, maior desequilíbrio ecológico.

A proposição está constituída por duas variáveis:

A: *a* menor número de medidas de controle para preservar a limpeza das praias (variável empírica).

B: maior desequilíbrio ecológico (variável teórica).

1. $a < A > B$

Indicadores

Sabemos que as variáveis podem ser medidas por meio de conceitos que as explicam, aos quais chamamos indicadores. Nesse caso os indicadores seriam:

Variável A (medida de controle)

- Recolhimento de lixo nas praias.
- Mensagens por diversos meios de comunicação para criar consciência sobre o problema.
- Leis e regulamentos como medidas de controle.
- Disponibilidade de recursos econômicos para evitar a contaminação.
- Supervisão e vigilância para evitar a emissão de produtos que contaminam e afetam as praias.

Variável B (desequilíbrio ecológico)

- Águas sujas, pouco recomendáveis para o banho.
- Peixes mortos por envenenamento.
- Praias contaminadas com águas escuras domésticas não tratadas quimicamente.
- Praias contaminadas com resíduos industriais.
- Lixo não-degradável nas zonas-limite das praias.

Trabalho de campo, documental ou realizado por outros meios

A proposição axiomática anterior é do tipo dicotômica e para medi-la utiliza-se a escala ordinal, já que estão envolvidos os conceitos maior e menor. Sabemos que em estatística a escala determina a técnica a se utilizar e, para este caso, a correlação entre variáveis (teria que ver como estabelecê-la) pode ser controlada, talvez, por meio do coeficiente de correlação de Spearman.

Até aqui o pesquisador só tem realizado trabalho de gabinete; a partir desse momento começará a realizar trabalho de campo, documental ou por outros meios para verificar que a proposição axiomática satisfaça a realidade da qual se desprende. Compilam-se dados, reorganizam-se e aplica-se alguma técnica estatística para saber se o delineamento foi ou não correto.

Advertência: Neste caso, o equilíbrio ecológico poderia ser verificado pelo método experimental, próprio das ciências biológicas, e ordenar os dados resultantes de tal maneira que possam correlacionar-se com os de outra variável.

Para não complicar a verificação com matemática de multivariável, poderiam ser utilizados indicadores combinados e análises de bivariável por formas clássicas de correlação.

Aplicação do método dedutivo

Suponhamos que:

- De cada marco teórico e sua correspondente relação de conhecimento turístico sobre o tema, se desprenderão diferentes proposições axiomáticas.
- Cada uma das proposições axiomáticas foi devidamente verificada.

Cumpridas as duas condições anteriores, podemos utilizar o método dedutivo para encontrar a teoria única sobre o turismo. Para dar um exemplo de como se deduz a teoria, será utilizado um projeto denominado: "A zona arqueológica de Palenque e seu potencial turístico". Sejam as seguintes proposições axiomáticas:

- Quanto maior número de descobrimentos arqueológicos, maior interesse por parte do turismo externo.
- Quanto maior interesse por parte do turismo externo, maior afluência.
- Quanto maior interesse, maior estadia e efusão econômica.

Teorema ou teoria particular

Quanto maior afluência de turismo, maior captação de divisas. Nesse momento, o estudante pode compreender com clareza a diferença entre protocolo e desenvolvimento da pesquisa e como aquele ordena como o pesquisador deve fazer ao efetuar seu trabalho. Este "que fazer" tem sido explicado passo a passo, com distintos exemplos, para sua melhor compreensão e espera-se que seja um guia eficiente, que conduza o pesquisador a uma direção com resultados aceitáveis sem dúvida alguma, porque estarão baseados em uma teoria recém-criada, teoria que aportará maior compreensão dos fenômenos que explicam o turismo.

BIBLIOGRAFIA

Althusser, Louis, *Curso de filosofía para científicos*, Distribuciones Fontamara, México, 1975.

Briones, Guillermo, *Metodos y técnicas de investigación para las ciencias*, Trillas, México, 1986.

Bronowski, J., *El sentido común de la ciencia*, Península, 1978.

De Gortari, Elí, *Fundamentos de la lógica*, Océano, España, 1982.

Hessen, Johan, *Teoría del conocimiento*, Editores Mexicanos Unidos, México, 1987.

Kédrov, M. B. y Spirkin, Y. A., *La ciencia*, Grijalbo, México, 1968.

Larroyo, Francisco, *La lógica de las ciencias*, Porrúa, México, 1973.

López Cano, José Luis, *Método e hipótesis científicos*, Trillas, México, 1979.

Padilla, Hugo (compilador), *El pensamiento científico*, ANUIES, México, 1974.

Pick, Susan y López, Ana Luisa, *Cómo investigar en ciencias sociales*, Trillas, México, 1986.

Reichenbach, Hans, *La filosofía científica*, Fondo de Cultura Económica, México, 1975.

Rosenblueth, Arturo, *El método científico*, Centro de investigación y estudios avanzados del IPN, México, 1976.

Russell, Bertrand, *La perspectiva científica*, Ariel, México, 1976.

Schrödinger, E., *¿Qué es una ley de la naturaleza?*, Fondo de Cultura Económica, México, 1975.

Serrano A., Jorge, *La objetividad y las ciencias*, Trillas, México, 1981.

Serrano A., Jorge, *Pensamiento y concepto*, Trillas, México, 1986.

Zorrilla Arena, Santiago, *Introducción a la metodología de la investigación*, Océano, México, 1986.

ÍNDICE REMISSIVO

A

Abstração, 12, 36
Ação recíproca, 32
Antropologia, 81
Apriorismo, 6
Axiomas, 58
Axiomatização, 47, 66

C

Categoria
   da ciência, 12
   de causalidade, 18
   de fenômeno, 15
   de lei, 24
   de substancialidade, 13
   do juízo, 29
   filosófica, 12
Causa, 19
   e efeito, 32
Causalidade, 8, 18, 87

Ceticismo, 4
Co-variação, 87
Completude, 59
Conceito, 27
   construção do, 34
   de verdade, 8
Conclusão, 46, 63
Conhecimento
   apreensão do, 3
   científico, 111
   do turismo, 9
   empírico, 111
   espiritual, 5
   essência, 7
   intuitivo, 8
   origem, 5
   racional, 8
   sensível, 5
Conotação, 35
Consistência, 59
Conteúdo, 35

Convergência, 45
Coordenação, 36
Corpo axiomático, 26
Corpo teórico, 54
Correlação, 87
Critério
 de explicação, 56
 de predição, 56
 de verdade, 8
Critérios de validez, 34
Criticismo, 5, 10
Cronograma, 101

D

Definição, 42
Delineamento do problema, 94
Demonstração, 61
Denotação, 35
Descrição, 44
Determinismo, 19
Disciplina, 76
Diversidade, 31
Divisão, 40
 princípios de, 41
Dogmatismo, 4

E

Ecologia, 81
Economia, 80
Efeito, 19
Eleição do tema, 85
Empirismo, 6, 10
Epistemologia, 1, 11, 77
Estado da arte, 103
Evidência imediata, 10
Extensão, 35

F

Fato, 50
Fenomenismo, 7
Fenômeno, 16

G

Generalidade, 36
Generalização, 12
Gênero, 36

H

Hipótese, 63

I

Idealismo, 7
Identidade, 31
Incógnita, 50
Independência, 59
Indicadores, 113
Inerência, 13
Inferência, 45
 dedutiva, 47
 indutiva, 47
 por analogia, 47
Intelectualismo, 6
Interdisciplinaridade, 77
Interlinguagem, 79
Intuição, 10

J

Juízos, 27
 categóricos, 33
 como função lógica, 28
 de necessidade-
  contingência, 33
 de possibilidade-
  impossibilidade, 33
 de realidade-fantasia, 33

L

Leis
 científicas, 51
 estatísticas, 23

Índice Remissivo

Leis (*Cont.*)
   naturais, 23
   sociais objetivas, 23
Lógica, 2
   analítica, 27
   aplicada ao conhecimento do turismo, 27
   formal, 46

M

Macroestudos turísticos, 41
Marco teórico, 86, 95
Matemática, 81
Metas, 99
Método
   dedutivo, 115
   fenomenológico, 17
   indutivo, 66
Metodologia, 81, 100
Microestudos turísticos, 41
Mobilidade, 67
Modalidade, 32
Multidisciplinar, 77

O

Objetivismo, 7
Objetivos, 98
Ordenação, 45
Origem, 32

P

Pesquisa
   desenvolvimento, 103
   interdisciplinar, 75
   protocolo, 83
Pragmatismo, 4
Premissa, 46, 62

Pressão social, 67
Princípio
   de causalidade, 9
   de comprovação, 53
   de falsidade, 53, 56
   de razão suficiente, 22
   de verificação, 56
   determinista, 19
   interno, 53
Princípios-ponte, 53
Proposições axiomáticas, 88, 90
Protocolo, 93, 102
Psicologia, 80

Q

Qualidade, 31
Quantidade, 30

R

Raciocínio, 10
   dedutivo, 61, 65
   indutivo, 65
Racionalismo, 5
Realismo, 7, 10
Recursos
   humanos, 101
   materiais, 101
Relação, 32
Relativismo, 4
Relatório de pesquisa, 92

S

Seleção, 44
Silogismo, 62
Sociologia, 80
Subjetivismo, 4, 7
Subordinação, 36
Substância, 13
   conceito, 14
   e acidente, 32
Substancialidade, 13

T

Tecnologia, 81
Teorema, 61
  estabelecimento, 92
  particular, 115
Teoria
  axiomática, 71
  científica, 27
  da ciência, 1
  das categorias aplicada ao turismo, 11
  do conhecimento, 1
  do pensamento correto, 2
  do pensamento verdadeiro, 1
  do turismo, 26
  especial do conhecimento, 11
  formal, 57
  sociológica, 65
Tese, 63
Trabalho
  de campo, 114
  documental, 114
  por outros meios, 114
Transdisciplina, 78

Turismo
  como fenômeno social, 14
  egressivo, 40
  interno, 40
  receptivo, 40
  social, 40
Turismólogo, 82
Turista, 82

U

Unidade
  conceitual, 72
  formal, 72
  semântica, 72

V

Validez, 37
Variáveis
  contínua, 67
  dependente, 67
  independente, 67
Variedade, 31
Vinculação, 21